お寺の教えで心が整う

禅に学ぶ 台所しごと

整理収納アドバイザー
小川 奈々

はじめに

「ごちそうさま。美味しかったよ」
これが私にとっての魔法のことば。
どんなに仕事や家事で疲れていても
家族のひと言が
私を台所に連れて行ってくれます。

毎日の繰り返しの中で
魔法の言葉が心を素通りしてしまうことも。
そんな時、自分に向き合う大切さを教えてくれたのが
「禅」でした。禅の教えは、いつでもどんな時でも
心にすーっと染み込んできます。

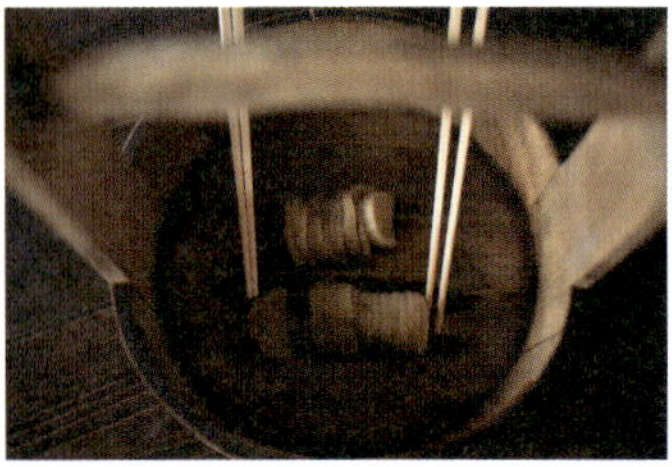

ふと手にした禅の教えを説いた本。
監修の武山廣道住職にお会いしたことで、
住職の修行先だった「正眼寺」へ伺うことに。
禅寺で「食」がいかに大切なことか、
修行僧が、どう「食」と向き合っているのか。

所作を目の当たりにして、
あらためて作ること、食べること
さらに生きることへの
心からの感謝の思いを持つことの
大切さを教えられました。

食材のすべてに命が宿り、
調理器具も自分の体だと思って扱う。
食事を作ることができることに喜び、
子どもを思うように愛情を持って作る。
世のすべての生き物が
飢えに苦しまないように施す。
こうした禅の「食」への教えを知って、
食材に向かい、心を込めて作った料理を
ひとくち、ひとくち大切に噛みしめると、
滋味が体に染み入ります。

「食」と並んで、「掃除」も
禅では大切な修行の一つ。
鏡のように磨きあげられた床は、
そのまま修行僧の
ちりやほこり一つない心を表しています。

禅の「食」や「掃除」の教えを暮らしの中に取り入れることで、
まっさらな自分に返り、心安らかな暮らしに出会いました。
禅語にもありますが「まずはやってみる」。
この本がそのきっかけになることを願っています。

小川 奈々

目次

第2章　心が整う食

第3章　心が整う　掃除

第４章　心が整う　禅のことば

第1章

心が整う

台所しごと

朝、心を整えるゆとりを持つ

朝の過ごし方で1日が決まる

禅寺の朝はとても早く、雲水《うんすい》（修行僧）たちは普通、朝3時半（冬は4時）に「開静《かいじょう》」の声と鈴鐘の音とともに目覚め、わずかな時間で身支度をしたら、本堂に集まり朝課《ちょうか》と暁天《きょうてん》坐禅《ざぜん》を行います。暁天とは「夜明け」のこと。この座禅で新しい自分と向き合い、心を整えるのです。

今日1日、ていねいな生活を送るためにも朝の時間は重要です。私は起きたら、まず窓を開けて朝一番の太陽に向かいます。続いて大きく深呼吸。新鮮な空気を全身に取り入れると、血の巡りがよくなり、頭がスッキリとして心も軽やかになり、今日も１日元気に過ごそうという、前向きな気持ちになれます。そして今日のスケジュールに目を通します。

ほんの５分でゆとりが生まれる

家庭を持つ女性にとって、**朝の家事は時間との戦いです。だからこそ、家族が目覚める前に、自分のための時間を作るのです。**

そのために使う時間はほんの５分。それだけで、心にゆとりが生まれます。

１日の予定を頭の中で確認したり、やるべきことの優先順位を整理することもできます。私にとってはとても有意義であり、貴重な時間です。

朝の忙しい時間だからこそ、まずは心を落ち着けます。

朝一番、窓を開け深呼吸
毎朝、起床は６時30分。窓を開けて、天気を確認したり、庭の木々の様子を眺めたりしながら、自然と対話する時間も、心にゆとりを与えてくれます。

音を合図に家事を区切る

雲水は音に合わせて働く

禅寺で修行する雲水たちは、鈴鐘の音と同時に起床してから夜寝るまで、休む間もなく動き続けています。起床や座禅、托鉢、食事、掃除など生活すべてが修行で、何を何時にやるかも決められています。しかし、彼らは時計を持っていません。すべての行動は鳴らしものと呼ばれる道具を叩く音を合図にしていて、音が鳴ると次の作業に取り掛かります。こうして1日に課せられた修行を次々とこなしているのです。**やりたいことをすべて行うためには、「時間を区切る」ことがポイントなのです。**そしてこれは、私たちの生活にも使える仕組みです。

タイマーをかけて家事をする

掃除をしようと取り掛かると、あそこも、ここもとつい欲が出て、気づいたら半日が過ぎていて、ほかのことができなくなった。そんなことを防ぐために、禅寺に習って「掃除は５分、買い物は30分」というように作業時間を決めましょう。タイマーをセットして、音が鳴ったら作業の手を止めて、次へ。たとえ途中でも、翌日に回すなど、割り切ることが大切です。繰り返すうちに、時間内で終わらせるためにはどうすればいいか、作業のやり方を工夫するようにもなります。

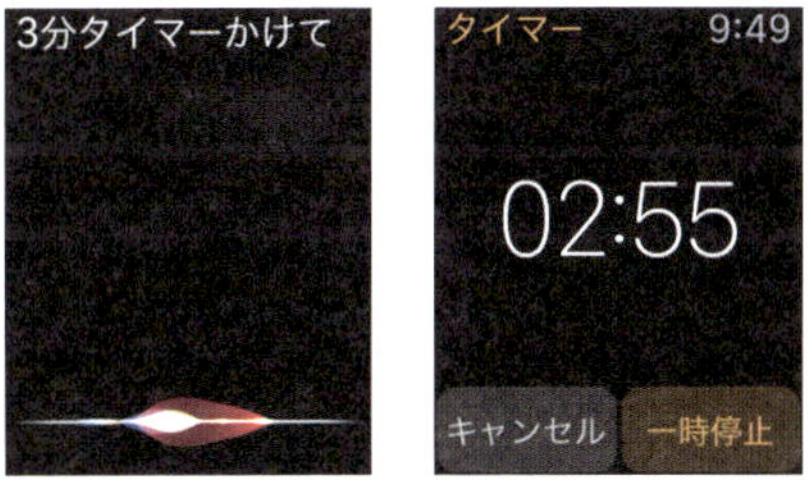

携帯電話のタイマーが便利

家庭では、スマートフォンのタイマーを使うと便利。音声検索機能に「３分タイマーかけて」と声をかけるだけでセットできます。

禅の献立ルールで「迷い」がなくなる

「何を作ろう」という迷いをなくす

毎日の食事の支度で一番大変だと感じるのは、作ることよりも、献立を決めることではないでしょうか？　「あと1時間で夕飯を作らなくてはいけない！」と、献立が決まらないままとりあえず買い物に出かけてしまうと、使うかどうかわからないものでも、安いからとカゴに入れてしまい、後でムダな買い物をしてしまったと後悔することも少なくありません。

献立が決まっていれば、必要な食材もわかるので、買い物にかかる時間も食材もムダにしません。これまで献立を立てたことがない人は、難しく感じるかもしれませんが、禅寺の献立ルールを応用すれば簡単に作れます。

とてもシンプルな禅寺の献立ルール

禅寺で献立を考えるのは「典座《てんぞ》」と呼ばれる食事担当の雲水です。禅寺の基本メニューは、朝食はお粥と漬物、昼食は麦飯と一汁一菜で、夜は朝食と昼食の残りものを食べます。献立を考える必要があるのは昼食だけで、その**献立は数字によって決まっています。**お寺によって違うそうですが、1、15日は白飯、4と9の日はうどんといった具合です。また、儀式法要の特別な日の献立も昔から決まったものがあるので、考える必要がありません。家庭でもこのような、献立ルールを決めると、迷わずにプランが立てられます。

特別日の献立表

正眼寺本堂に掲げられた献立表。寺の開祖＝開山無相大師の命日である10月12日に行われる「開山諱《き》」の献立が細かく書かれています。

定番料理を書き出してみる

献立を立てる前に、行き当たりばったりで考えて作っていた料理を、まずは棚卸しすることから始めましょう。紙やノートに、いわゆる我が家の「定番料理＝よく作っているメニュー」を思いつくまま書き込みます。

一通り書き出したら、そのメニューによく作る季節、用途などを書き加えて表にします。「お弁当向きのアレンジ方法」など、ひと言添えおくのもいいでしょう。献立の計画を立てるときは、この表を見ながら、目的に応じてメニューを選びます。

書き出してみると、主菜にふさわしいものだけでも10種類ほどは出てきます。さらに副菜も合わせると30種類ほどは問題なく思い浮かぶのでは？食卓に毎回、いつも新しい料理が並ぶ必要はまったくありません。**我が家の定番料理の繰り返しが、家族も嬉しいものなのです。**

Menu	オススメ季節	通年	種別	お弁当	Memo
野菜スープ	秋冬	◯	メイン		お弁当には醤油で味付けを
かぼちゃのそぼろ煮	秋冬	◯	メイン	◯	
ぶり大根	秋冬		メイン		
れんこんのきんぴら	秋冬	◯	サブ	◯	
豚しゃぶサラダのモロヘイヤソース	夏		メイン		
バンバンジー	夏		メイン		
ガパオライス	夏		メイン		
冷しゃぶ	夏		メイン		
冬瓜カレー	夏		メイン		
なすのみそグラタン	夏		メイン		米なす・天狗なす
あさりと大根のみそ煮	春	◯	メイン		
スナップエンドウと胸肉	春		メイン		
菜の花の辛子和え	春		サブ		
ロールキャベツ	春	◯	メイン		
ポテトサラダ	春	◯	サブ	◯	
カレー		◯	メイン		
グラタン	秋冬	◯	メイン		
春巻き		◯	メイン	◯	
餃子		◯	メイン		
チャーハン		◯	メイン		
ハンバーグ		◯	メイン		
お好み焼き		◯	メイン		

定番料理は意外と多い

表には、主菜（メイン）か副菜（サブ）かを書き込み、
お弁当に入れられるものには◯をつける欄を設けておいて見つけやすくします。

パソコンでメニューの整理

今週作った料理をパソコンに打ち込んでいくだけでも、自分だけのレシピ本ができます。パソコンがあれば、エクセルを使うと整理しやすくなります。

買い物予定に合わせてルールを作る

定番料理表ができたら、次はルール作りです。禅寺の「1、15日は白飯」というような、献立のルールに習ってルーティン化をしておけば、何を作ろうかと考える時間からも、おっくうさからも解放されます。ルールに合う主菜を定番料理表の中から選び、それに合う副菜を組み合わせれば簡単に献立が決まります。

献立ルールは、買い物の予定に合わせて作ると便利です。例えば「まとめ買いをするのは特売日の火曜で、足りない分を土曜に買い足す」とします。すると**まとめ買いの前日、月曜日は冷蔵庫を一掃しておきたいので、鍋料理などで食材を使い切るようにします。**傷みやすい肉や魚はできるだけ早く使いたいので、火曜は魚、水曜は肉料理。木・金曜は日持ちする野菜や卵などの食材を使う。土曜と日曜は家族のリクエストに合わせて作る。このように、買い物予定に合わせてルールを決めると食材をムダにしません。

週末の献立会議で家族の満足度もアップ！

ルールとは別に、**献立を立てる前に知っておきたいのが、家族の予定です。**子どものお弁当がいる日、習い事の予定、夫の夕食がいらない日など、家族の予定を知っておくことも重要です。週末の夕食の時間などに、翌週の予定を聞く時間を持ちましょう。

献立会議では、お弁当がいる日、出張の日など「食」に関連する予定を聞きます。これをすると、お弁当や食事の用意が必要かどうかがわかるのはもちろん、「夫が出張で夕食がいらない日は、子どもが好きなハンバーグを主菜にした献立にしよう」など、予定から献立を決めることができます。みんなで外食をする日などを決めるのもいいでしょう。

土曜は残りものでピザを焼く

どんな具をのせても美味しいピザは冷蔵庫の残り物を使い切るのにぴったり。我が家では土曜にピザを焼いて買い出しに備えます。

1週間の献立づくりに挑戦！

①定番料理を書き出す。（↓P24）

②献立ルールを決める。（↓P26）

③家族の食事の予定を献立表に書き込む。

④夕食の主菜を定番料理表から選ぶ。

⑤主菜に合わせ副菜を定番料理表から選ぶ。

⑥メモに買い物や下準備の予定を書き込む。

◎献立の記入例

日付／ルール	昼食＆お弁当	夕食	メモ
9/1 月	＜お弁当＞ゆで卵	冬瓜とえびの煮物	10−17
	きゅうりの塩もみ	もやしのナムル	整理収納サービス
野菜中心	人参と厚揚げの甘辛煮	サラダ	
	炊き込みご飯	味噌汁	
9/2 火	＜お弁当＞	さんまの塩焼き	10−12
	ゆで卵	切り干し大根	講座
鮮魚	鮭の塩焼き	サラダ	
	もやしのナムル	味噌汁	
9/3 水	＜お弁当＞	とりバーグ	内勤
	ゴーヤチャンプル	きゅうりとワカメの酢の物	
お肉	切り干し大根	サラダ	
	もずくカップ	味噌汁	
9/4 木	＜お弁当＞	野菜スープ（重ね煮）	お茶のお稽古
	とりバーグ	ひじき	
野菜中心	煮豆	サラダ	
	きゅうりとワカメの酢の物		
9/5 金	＜お弁当＞×	スパニッシュオムレツ	10−12
		（じゃが芋、玉ねぎ、ハム、	講座
卵		ピーマン、にんにく）	
		味噌汁	
9/6 土	おそば	魚のキャベロール	休み
		おつまみ	
洋食			
9/7 日	私：meeting（外）	炊き込みご飯	10−12 ヒアリング
		茶碗蒸し	ゆで卵、きゅうりの塩もみ
ご飯もの		天ぷら	人参と厚揚げの甘辛煮を
		お吸物	作っておく

週 間 献 立 表

日 付 ルール	昼食&お弁当	夕 食	メ モ
／ 月			
／ 火			
／ 水			
／ 木			
／ 金			
／ 土			
／ 日			

＊コピーしてお使いください

献立表を見ながら、段取りを組む

献立を決めると、「献立を毎日考えなくていい」「買い物の時間が短くなる」「食料をムダにしない」などのメリットの他に**献立に合わせて料理の下準備の予定を立てることができます。**

献立表ができたら、メニューから「下味をつける必要がある」「戻すのに時間がかかる乾物を使う」などの下準備が必要かをチェックし、下準備の予定をメモ欄に書き込みます。

例えば夕食に「唐揚げ」があれば、メモ欄に「昼：鶏肉に下味」と書き込みます。乾物も同様。ひじきなら30分～1時間、肉厚な干し椎茸や切り干し大根なら一晩戻す時間が必要です。献立に合わせて、下準備をするタイミングをメモしておくと段取りよく調理できます。

常備菜は簡単にできるものだけ

私の場合、料理に時間がたっぷり取れるのは、仕事のない土・日曜です。週末を利用して、常備菜を大量に作ったこともあるのですが、まるまる１日キッチンに立つことになり、ヘトヘトに。

以来、**作りおきするのは時間がかからないことだけにしました。**日曜に、お弁当の具やサラダに使うゆで卵をまとめてゆでたり、きゅうりの塩もみを作ったり、簡単にできるものだけにして、休日はゆったり過ごす時間を大切にしています。

乾物は前もって戻しておく

料理する時間に使えるように乾物を戻しておくと短時間で料理ができます。

日曜はゆで卵を作る

手間のかかる作りおきおかずを作るのはやめて、サラダやお弁当用にたまごをゆでるなど、できる範囲の作りおきをしています。

狭いキッチンも ちょっとの工夫で使いやすく

昔ながらの台所は、開き戸タイプ。我が家もリフォーム前はこのタイプで工夫が必要でした。その時に考えた収納のアイデアをご紹介しましょう。

流し台の下にラックを入れる

流し台の下に高さを変えられるラックを入れて、調理器具は棚に収納します。流し台の下は湿気がこもるので、食品は入れないようにしましょう。

収納スペースが足りなかった以前の台所

コンロの下には調味料を入れる

油ポットや調味料など、火を使う時にすぐに取り出したいものを入れます。フライパン収納にも適しています。

鍋の大きさによって高さが変えられるので、可動式の棚は、ムダなく収納できます。

シンクの下は、パイプなどがあって収納しにくいので、あまり使わない物を奥に収納しておくと便利です。

スチールラックを賢く使う

シンク下やコンロ下に台所関連の物をすべて収納できない時は、スチールラックを使って、見せる収納にします。ここでも可動式の棚を使った収納が便利です。

フライパンは、立てて並べます。柄の部分を揃えるだけでもきれいに見えます。

「あるべきところへ置く」で機能的なキッチンに

キッチンを整えれば台所しごとが楽しくなる

狭い場所に、いろいろな形状や用途のものがあふれているのがキッチン。上手に収納すれば使い勝手がよくなり、気持ち良く料理ができます。禅寺の食のルールを書いた『典座《てんぞ》教訓《きょうくん》』にも「ものはあるべきところに置いて、そこへ戻す」と記されています。**ものはいいかげんに片づけるのではなく、使い勝手を考えて、置き場所を決め、使ったら必ずそこに戻すのが基本。**心地よいキッチンにするためにも、収納を工夫しましょう。

機能を考え、道具の指定席を決める

使いやすい収納にするために、まずは、道具の指定席を決めましょう。ガスコンロの下には、フライパンや油をはじめとした調味料など、コンロで使うものを入れます。

シンク横にある引き出しは、カトラリーやふきん類などを入れるのに適しています。引き出しには仕切りがついている場合が多いですが、既存の仕切りは外して、**市販の仕切り板を使って、入れるものにぴったり合うようにレイアウトするのもいいでしょう。**

ものは使う場所のそばに収納するのが基本ですが、「シンク下」は注意が必要です。中に排水管が通っていて湿気が溜まりやすいうえ、排水管内部の汚れのせいで、不快な臭いがこもることもあります。さらには、害虫も発生しやすいので、食品は入れないようにしましょう。

シンク下は工夫が必要

湿気・悪臭・害虫と弱点の多いシンク下。水回りに使う、調理器具を置くのに適しています。

強度や安全も考えて置き場所を決める

収納に関する教えは他にもあります。『典座教訓』には「高いところに置いていいものは高いところへ。低いところに置くべきものは低いところに置き、ていねいに取り扱うこと」と記されています。落としたら壊れてしまうもの、当たったらケガをしてしまうものは下へ収納し、軽くて丈夫なものを上に置きましょう。

我が家は、地震なども考えて、あえて吊り戸棚は作りませんでしたが、整理収納サービスで訪れたクライアントの家に吊り戸棚がある場合は、プラスチック収納容器やキッチンペーパーの予備などキッチン小物を収納しています。

棚と引き出しを使い分ける

最近のキッチンは、引き出しタイプの収納が増えていますが、吊り戸棚など、棚のスペースもたくさんあります。棚にも引き出しにもメリットとデメリットがあるので、それぞれよい点を活かす収納を心がけましょう。

棚収納のメリットは、「引き出したりしないので、収納するものが安定する」「棚が可動式なら、棚の高さが変えられる」ことです。棚の位置を入れる物の高さに合わせると収納スペースを無駄なく使うことができます。

デメリットは、奥のものが取り出しにくいことです。市販の収納アイテムを使えばデメリットは改善できます。持ち手の付いた収納ケースやクリアケースなどの引き出しタイプの収納を使えば、奥のものも取り出しやすくな

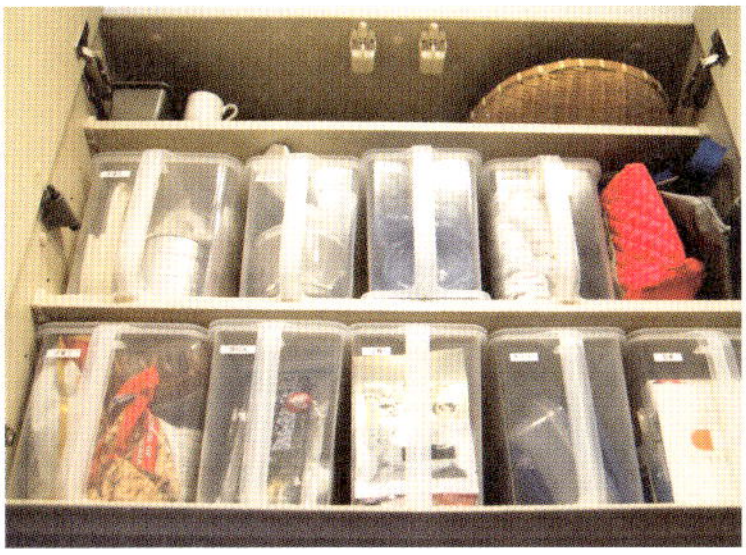

吊り戸棚の収納

整理収納したクライアントの吊り戸棚。取っ手付きのケースを使えば取り出しやすくなります。

引き出し収納のキッチン

リフォーム後のキッチン。引き出し収納のシステムキッチンは憧れでした。

ります。ただし、ここでも吊り戸棚には落ちてきても危険の少ないものを入れるというルールは徹底しましょう。

引き出しは横に仕切るのがベスト

引き出し収納のメリットは「奥のものまでひと目で見えるため、取り出しやすい」ことです。**引き出しにものを入れる場合、横に仕切り、使用頻度の高いものを手前に入れます。**こうすると少し引くだけで取り出せて便利です。

我が家では、一番手前の一列をスパイス用に仕切りました。すべてのスパイスが一度に見えるので、欲しい時にさっと取り出せて、さっとしまえます。包丁はよく使うので手前に置きたいのですが、危険がともなう刃の部分は、なるべく奥の方が安全という考えから、この位置になりました。

メリットの多い引き出し収納ですが、「出し入れの際に中の物が動くので、ものが壊れやすい」という欠点があります。食器や土鍋など欠けやすい物の場合は棚収納が安心。我が家でも食器は棚にしまっています。

手前一列にスパイスを収納

最上段の最前列に、スパイス専用スペースを作り、気軽に使えるように。その奥には包丁を縦に収納。揺れないように、専用に仕切りを作りました。

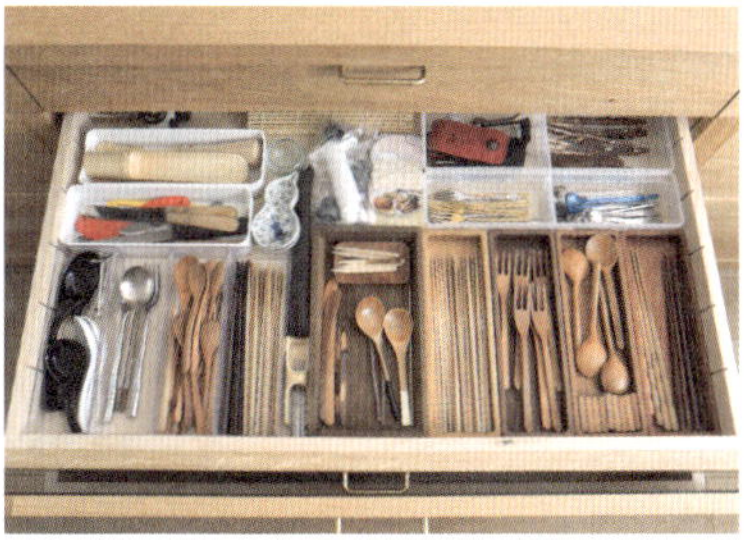

仕切りを自由に

種類別に仕分けをして、量に合わせて仕切りを作りました。よく使う物はみやすい縦収納で、あまり使わない物は奥に横収納で。

横収納で使い勝手よく

フライパンを重ねずに立てて引き出しに収納。傷が付かず１つずつ取り出せて便利です。

キッチンには
本当に必要なものだけ

季節物は別の場所に保管

キッチンは調理器具から食器、食材まで、多くの物が置かれている割には収納スペースが狭く、物があふれかえってしまうスペースです。また火や水、油を使うため、汚れやすい場所でもあります。そう考えると、**キッチンには毎日使う必要最低限のものだけを収納するのが理想です。**

例えば年に一度しか使わないお正月用のお重やピクニック用の食器、使用頻度の低い来客用の食器などは、キッチン以外に収納し、必要な時にそこから取り出せばいいのです。我が家は、納戸の棚の上がそうしたものの指定席で、お正月やクリスマス用品を置いています。クリスマスアイテムは、小さなものが多いので、一つの箱にまとめて入れ、何が入っているかわかるようにメモ書きして収納しています。

使用頻度で残すものを決める

キッチンにものがあふれて収拾がつかない場合は、毎日使う物から、年に一度しか使わないものまで、キッチンにある物を使う頻度別に分けてみるといいでしょう。キッチンに置くべき物、置かなくてもいい物、**不要な物をはっきりさせると、本当に必要な物だけを、どこにどのように収納するべきかが見えてきます。**

季節ものは納戸の最上段に

廊下に面した納戸の最上段に、季節物を置きます。中身を箱にメモしておくといいでしょう。

使い忘れをしない冷蔵庫の収納法

詰め込みすぎて、何を入れたか忘れ、結局賞味期限が切れてしまったり、同じ物をダブって買ってしまったり。ムダな物の宝庫になりがちな冷蔵庫。スッキリ片づけて、食材や電気代など、すべてのムダを省きましょう。

下段は早めに食べるものを

残りものなど、早く食べた方がいいものを目立つように収納します。鍋ごと入るぐらいのスペースを空けておくと便利。冷蔵庫の中身は全体の８割以下が理想です。

上段には料理セットを

上段は幅を狭くして、引き出せるようにトレーを使用。味噌や油揚げの「お味噌汁」セット、鮭や佃煮などの「和食」セットなど、同時に使うものをまとめます。

中段には保存食品を

少し大きめの保存容器の高さに棚を合わせ、ヨーグルトやぬか漬けなど保存食品を収納。中身が見えない入れ物には必ずラベリングをしておきます。

ひと工夫でうっかりをなくす

野菜室・冷凍室の収納のコツ

食材を使い切れず、腐らせてムダにして「悪いことをした」という気持ちになったことはありませんか。

『典座教訓』には、「食材は、自分の瞳のように大事にしなさい」とあります。食べものは、自分の瞳そのものであり、我が命、心そのものと思って大切に扱わなければならないという教えです。食材は自分だと思い、すべて使い切るように心がけましょう。冷蔵庫の収納をひと工夫すれば、簡単に使い忘れを予防できます。

野菜室は２段になっている場合が多いので、上段には使いかけの野菜をプラスチック容器などにまとめて入れ、野菜室を開けた時、すぐ目につくようにすると、使い忘れを防ぐことができます。

冷凍庫の食材は見えやすいように立てて収納するのが基本です。保存袋に入れて、上部に中身と冷凍した日付を書き、期限が迫っているものから手前に置くことで、使い忘れを防ぎます。

野菜室の上段のものから使う

使いかけも一目瞭然。10度以下で保存という表示のある油揚げやもやし、こんにゃくなども野菜室で保存できるのでスペースを有効活用して。

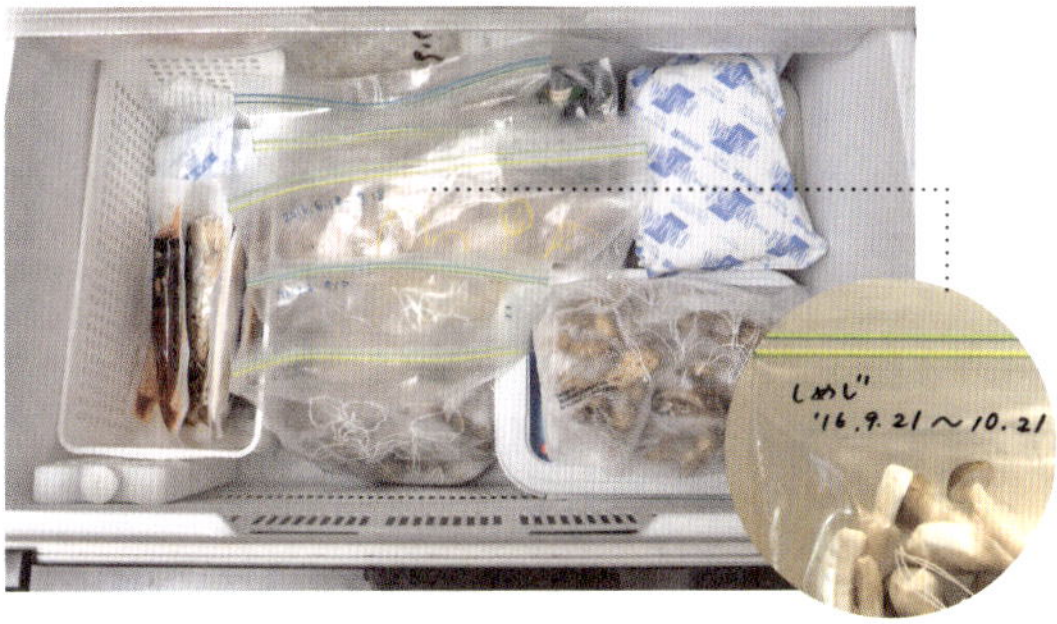

冷凍庫はジッパー付き袋が活躍

ジッパー付き袋に食材を入れて立てて収納。中身と日付(写真拡大)を記入。私は、いつまでに使うという日付も入れています。

禅寺の持鉢にならって
器はシンプルなものを多岐多様

いく通りにも使える和食器が便利

雲水が食事をとる際に使う正式な食器は「持鉢《じはっ》」（または応量器）と呼ばれるもので、５つの大きさが異なる入れ子状の器です。（↓Ｐ49）食事の際に持鉢を包む布を開いて器を使い、食事を終えると、少しのお茶とたくあんできれいに洗い、ふきんで拭いて再び布にくるみます。シンプルでありながらも極めて機能的な器だと感心しました。

これにならい、私も使い回しのきく食器を揃えようと、行き着いたのが和食器です。**和食はもちろん、洋食でも合うのが和食器の魅力。**また一つの用途だけにしか使えないものではなく、いく通りにも使えるシンプルな形のものを揃えていきました。

そのうちの一例がそばちょこです。そばつゆを入れるという本来の用途以外に、副菜を入れてもいいですし、コーヒーカップにも、湯のみにもなります。しかも、マグカップと違い、重ねて収納できるところも「持鉢」と一緒で気に入っています。

応用範囲の広いそばちょこ
お気に入りのそばちょこは、陶芸作家・藤吉憲典さんの作品。小鉢やマグカップとしても使っています。

同じ色・形で揃える

「持鉢」は、5つとも同じ色と形で、大きさだけが異なります。ぴったりと重ねることができるので機能的です。見た目もシンプルで美しく、いつまでも飽きない魅力があります。

私も基本的には同じ色、同じ形で食器を揃えるようにしています。無地のものも、柄のものも、**テイストが似ているもので揃えると、テーブルに並べた時に、どのような組み合わせであっても、統一感が出て、どこか落ち着いた心持ちで食事ができます。**

収納に関しては、違う種類の食器を重ねる時は2種類までにすると、どの器も取り出しやすく、使いやすくなります。

私は器が大好きなので、つい買いたくなってしまうのですが、買う時はとても悩み、慎重になります。今あるものを手放してもいいと思う時しか購入しません。

食器はテイストが似ているもので揃える

食器棚は高さが自由に変えられる棚収納に。同じ種類のものを重ねます。
取り出しやすい真ん中には、一番よく使う器を収納しています。

持鉢は重ねて収納できる

黒の塗りの持鉢はシンプルだからこそ、中の料理も引き立ちます。布に包めばこんなにもコンパクトに。

椅子の数だけ器を持つ

使いやすい器を適量持つ

禅の教えに、「器はいのちを支える大切な容れ物ゆえ、他のいかなる道具にも増して、ていねいに扱わなければならない」というものがあります。使い勝手のよい気持ちよく使えるものを、ていねいに使うことが大切です。

食器棚に入れているのは、豆皿、小皿、中皿、4寸のお椀、4.5寸の鉢、丸鉢、そばちょこなど。柄のあるものは染付ぐらいで、あとはどのような料理にも合うシンプルなものばかり。使用頻度が高いのは左の写真の3種類です。

器の適正量について、**我が家はダイニングの椅子に合わせて定数を決めて**

います。我が家は椅子が6脚なので、お客様も最大6人と考え、器は6客ずつ揃えることを基本にしています。

染付の4.5寸鉢

染付の少し深さのある鉢は、副菜を入れたり、取り皿としてもよく使います。

粉引き7寸の中皿

一番使う器です。平たくてもフチがあるので汁気のある料理にも使えます。

漆の4寸のお椀

汁椀としてはもちろん、冷たくならず手に持ちやすいので、ヨーグルトを入れるにも便利で、使い回しのきくものです。

不要な食器の手放し方

処分に困った時は使ってみる

昔、気に入って買った器や、引き出物などでいただいたものなど、使わずに置きっぱなしの食器が食器棚に大量に入っていませんか？　洋服とは違い、流行り廃《すた》りのない器は、どんどん溜まっていき、「とりあえず置いておこう」となってしまいます。

本当に使うもの以外は処分してしまっても、困ることはほとんどありません。ですから、使わない器は処分して、食器棚をスッキリさせてはどうでしょうか。とはいえ、どれを処分すればいいのか迷ってしまいます。そんな時は次の方法を試してください。

①食器の棚卸しをする。
食器棚からすべての食器を出して並べます。あまり考えずに、とにかく出して「確認する」ことから始めます。

②使う頻度別に食器を分類し、使用頻度の少ないものは処分する。
「毎日使う」「時々使う」「年に数回使う」「まったく使っていない」など、使用頻度別に分けます。処分対象となるのは、まったく使っていないものです。

③処分しにくい食器は、一度使ってみる。
処分となると心苦しい。そんな器は一度使ってみましょう。料理を入れてみると、決断しやすくなります。**「この食器で食べたい」と思わなければ、処分のタイミングです。**

効率よく洗い物をするコツ

調理の合間にちょこちょこ洗い

料理を作ることは好きでも、洗いものや片づけが面倒という方は多いのではないでしょうか。調理する時に使った鍋もフライパンも、食器もすべて食事が終わってから洗って片づけようとすると、シンクの中は生ゴミや鍋などであふれかえり、洗うのがおっくうになってしまいます。

まずは、調理の段取りを考えて、生ゴミが出るような食材を切ることから始めましょう。すべての料理に使う食材の下準備をしている間に、鍋を火にかけるなど、同時進行しておけば、調理時間の短縮になり、すき間時間も生まれます。**調理中には、ちょっとした「すき間時間」があるものです。**

武山住職は修行時代、汁物を煮ている間にぞうきんがけをしたそうです。同様に煮物をしている間に、生ゴミをゴミ袋に入れたり、包丁を洗っておくなど少しの時間も無駄にせずに片づけていけば、料理ができた時、シンクの中は最小限の洗い物だけの状態になります。これなら食後の片づけも苦にならないでしょう。

食後の洗い物は、ガラス類から洗い、最後に油汚れの付いたものの順にすると、洗剤の無駄にもなりませんし、シンクの中の食器に油がつくことも避けられます。

禅宗では、後片づけをして、食事の支度に取り掛かる前の状態に整えるまでが、食事の時間だとされています。少しでもラクに洗い物が片づくように、段取りを考えてキッチンに立つようにしましょう。

洗う順にも工夫を

器の特徴も考え洗う順を決めています。油や汚れを吸いやすい粉引きの器は水に浸すとシミになるので、使ったら真っ先に洗います。

道具にも心を込めてていねいに扱う

包丁を研いで料理のやる気をアップ

『典座教訓』には、道具の扱い方についても書かれています。その中に、「食器・道具類もみな、まごころを込めてきれいにし、洗い清める。（中略）菜箸や杓子などの類のすべての器物も、同様によく片づけ、**まごころを込めて点検していねいにとり扱い、そっとおきなさい**」とあります。調理器具や器も、食材を扱うのと同じ心で、洗うことも、拭き清めることも、置くことも、注意深くていねいに行いなさいと教えています。

私も包丁は砥石《といし》で研ぐようにしています。やり始めた頃は、刃の角度や力の入れ加減など、なかなかうまく研ぐことができなかったのですが、慣れてくると研ぐ時のシュッシュッという音が心地よくて、自分の心にも集中できる時間になっています。さらに、よく切れる包丁を使うと料理をする時の気持ちも軽やかになり、不思議なもので、どんどん料理をしよう！　と意欲が湧いてくるのです。

包丁以外にも、やかんや鍋など、キッチン道具を点検し、月に一度ぐらいはメンテナンスをする日を決めて手入れをしましょう。

月に一度、ポットを磨く

ステンレスとホーローのポットはキッチンに出しっぱなしのことも多く汚れがち。しっかり磨けば新品のように輝きます。

包丁は自分で研ぐ

２種類の砥石を使って、包丁を研ぐのも大切な時間です。よく切れる包丁は気持ちがいいものです。

シンク・オーブン・換気扇は定期的にお手入れを

台所にある調理器具がいつもきれいで、流し台や調理台もピカピカにできる人は、素晴らしい料理の腕前の持ち主だと、禅宗では考えられています。料理を作るということだけでなく、料理に関連するすべてのことに心が行き届いているからです。

「脚下照顧《きゃかしょうこ》」という有名な禅語があります。「いつも足元を見つめなさい」という意味で、脱いだ履物を揃えなさいということに通じます。履物を揃えるには、そこにまっすぐな心がなければできません。同じように、台所についてもきれいに整える心、片づける心、すべてに心が通っていなければ、行動もぞんざいになり、ひいては心を込めて料理を作る、ということが難しくなってしまいます。

調理器具や食器は毎日のことなので、その都度洗って片づけますが、シンクの中やオーブン、換気扇などは、気づけば何ヵ月も掃除していなかった、ということになりやすいものです。だからこそ、「シンクの中とガスコンロの五徳《ごとく》は週に一度」「オーブンと換気扇は月に一度」というように日を決めて、掃除をすることを習慣化しています。

自分のペースで、時にはプロの力を借りる

「きれいにしなければ」というプレッシャーがストレスになることもあります。心のバランスをとるために私の場合、夕飯が24時を過ぎる場合は食器は洗わず、水に浸けておくだけ。翌朝、朝食の器と一緒に洗います。

毎年11月、年末の混雑する前に、掃除専門業者にも依頼しています。普段できない細かな部分まできれいにしてくれることに加えて、プロならではの掃除のコツも教えてもらえるので、お願いする価値はあると思います。

シンクの中も拭き清める

週に一度は、シンクの中の汚れも落とし、乾いた雑巾で拭き上げます。

ふきんはたっぷり用意する

用途に合わせて使い分ける

正眼寺では、台所に何枚ものふきんが干してありました。禅寺ではふきんを「浄《じょう》きん」と呼び、浄きんとぞうきんを用途別に使い分けています。ぞうきんは窓や桟、床を拭く時に使いますが、食事を並べるテーブルは浄きんで拭き、食後は再び浄きんで拭きます。浄きんは、仏壇や仏具を拭く時にも使われ、食事をする場所と仏壇は、同じくらい清らかであるべきものと考えていることがわかります。

私は、乾いたふきん、台拭き用のふきん、調理用ふきんの３種類を用意しています。乾いた布巾は食器や鍋などを拭きあげる時に使うもので、除菌効果のある食器用洗剤で洗い、よく乾かしてから使います。台拭き用の布巾は、食卓やキッチンの作業台などを拭く時に使います。こちらは洗濯機で回して洗います。**調理用ふきんは、包丁を拭いたり、濾し器の代用品として、また蒸し料理の時に活用できる優れものです。**これも直接口に入れるものに関わりますので、しっかり除菌して使っています。素材も、乾いた布巾は薄手で乾きやすいものを、台拭き用のものは厚地で、汚れがしっかり拭きとれるものを。調理用は、さらしなど目の細かなものが向いています。

用途をあいまいにせずに、使う場所を明確にしておくことが大切。私は１カ所に収納して、模様別にするなど、区別がつきやすいようにしています。またいつも清潔感のある布巾を使いたいので、洗っても汚れが目立ってきたら、雑巾にして新しいふきんを購入します。

ふきんは３種類

写真右から順に、食器用、台拭き用、調理用とふきんを並べています。調理用に使うさらしは手芸店などで購入できます。

家のゴミは何ヵ所かに分けて置く

生ゴミは三角コーナーでなく消臭袋に！

家庭から出るゴミで一番扱いに困るのが、食材のクズや料理の残りものなどの生ゴミでしょう。特に暑い季節に長いこと置いておくと、いやな臭いがキッチンの中に漂ってしまいます。

そもそも食材のクズを出さないように料理をすること、料理の食べ残しをしないというのが、禅の教えの大前提です。野菜の皮などはだしをとる時に使えますし（↓Ｐ89）、あらかじめ献立を立てていれば、食材そのものを買いすぎることもありません。

それでも多少の生ゴミは出てしまいます。よくシンクの中に三角コーナーが置いてある家庭を見ますが、三角コーナー自体にぬめりや汚れがつくので、洗わなければなりません。これが二度手間に感じて、ついつい三角コーナーの掃除にまで手が回らなくなってしまいます。すると、シンクの中はいつまでも汚れたままに。

そうならないために、**私は三角コーナーを置かずに、消臭袋をシンクのそばに置いています。**生ゴミはこの袋に入れて、しっかり水

生ゴミは消臭袋へ

ホームセンターなどで購入できる消臭袋。袋は小さい方がこまめに取り替えられるので臭いも気になりません。

を切って口をしっかり結んでゴミ箱へ。小さな袋ですから、まめにゴミ箱に捨てることができます。もちろんシンクの中に汚れが残ることもありません。まずは生ゴミを出さない工夫をして、どうしても出てしまうものについては、袋に入れてすぐに捨てるのが、清潔に保つ秘訣です。

我が家のゴミ箱は3ヵ所

ゴミの分別が厳しくなってから、ゴミ箱がたくさん必要になり、置き場所に困るという相談をよく受けます。確かに、すべてのゴミ箱を1ヵ所に置こうとするとスペースも必要となり、捨てに行くのも面倒になってしまいます。**我が家では、キッチン、納戸、リビングの3ヵ所に置いています。**キッチンは可燃ゴミとプラスチック容器用、リビングには可燃ゴミ、玄関近くの納戸には、可燃、紙、プラスチック、その他と大きめのゴミ箱を収納しています。納戸のゴミ箱は、収集日までの保管場所にしており、すぐに捨てに行けるように玄関近くに置いています。

ものが多いお宅に高い確率で存在するのが大量の紙袋。捨てなければ永遠に増え続けるので注意が必要です。我が家では、紙袋がやって来たらまずは、「紙」ゴミ箱に入れて様子を見ます。必要があればもう一度取り出せばいいやと軽い気持ちで入れておくのがポイントです。禅には「執着しない」という教えがあります。紙袋はコストが掛かっていない分手放しやすいので、ものを減らす練習にピッタリです。ちなみに、取り出してまで使うことはほとんどありません。

動線のいい納戸がメイン置き場

玄関・リビングから共に近く、扉を閉めれば隠せる納戸は、ゴミ箱を収納するのに最適です。開くのがラクで捨てやすいペダル式をセレクトしました。

第２章

心が整う 食

「禅の心」で料理を作る

世の中には、食の情報が多すぎる

結婚して9年になりますが、もともと料理が好きなわけでも、得意なわけでもなく、やらなければならない仕事の一つとして考えていました。結婚後、夫が趣味で野菜づくりを始めたことをきっかけに、季節の野菜などはほとんどが自家製となりました。そんなこともあって、野菜を何とか生かしきりたい！　と思ったことが、料理に関心を持ったきっかけです。

ところが、「○○するべき」「○○はしてはいけない」といった、**食に関する情報があまりにも多く、何をどう作ればいいのか、わからなくなってしま**

いました。そんな時に出会ったのが、禅の「食」です。禅では、食事を作ることも食べることも修行とされていて、さまざまな教えがあります。

家族の健康と笑顔のために料理は三心で作る

禅の食といえば「精進料理《しょうじんりょうり》」を連想する人が多いと思います。『典座教訓《てんぞきょうくん》』では、**精進料理において大切なのは「喜心《きしん》・老心《ろうしん》・大心《だいしん》」の「三心《さんしん》」**だと説いています。

「喜心」は、食事を作る役割についたことに感謝し、喜びをもって料理をする心。「老心」は、親が我が子を思うように、深く純粋な愛情をもって料理をする心。「大心」は、偏りのない広い心を持ち、どのような食材であっても、相手が誰であっても、分け隔てなく同じ気持ちで料理をする心です。

料理が楽しくなりました

禅の教えを学んでからは、料理を作ることが楽しくなり、忙しくても工夫して料理の時間を取るようになりました。

同じように、家族の食事を任された者として、私も三心を持たなければと教えられました。

料理が「しなければいけないこと」から「喜んですること」「家族の健康と笑顔のためにすること」に変わると、意識して料理の時間を作るようになりました。すると、毎日の生活にメリハリもつき、調理をする時はグツグツと煮える音が心地よく、食材が料理へと変わっていくその変化にワクワクするようになりました。

流行の料理より、旬のものを選ぶ

テレビや雑誌で「今、この料理や食材が流行っている」と紹介されていると、つい試してみたくなるものです。しかし、一度作ったらおしまいで定番料理としても定着しにくいものです。今は、ネットにも料理の情報があふれていて、多くを取り入れようとすると、それだけで疲れてしまいます。

そんなときはシンプルに禅の教えに従います。

『典座教訓』には、典座は、**季節の材料を使って、食事に変化を加え、修行僧たちが気持ちよく食べられ、身も心も安楽になるように心がけなければならない**と書かれています。よい献立とは次の条件を満たしたものなのです。

①季節の食材を使ったもの
②いろいろな料理法で調理し、飽きずに食べられるもの
③美味しく、栄養があるもの

この3つを心がければ、満足のいく献立ができるわけです。1章の献立表を作るときも、レシピから何を選ぼうか迷ったら、旬の食材を使った料理から選んでいきましょう。同じ食材を使うときは、味付けや料理法を変えて飽きない工夫をすればいいのです。

旬の食材は栄養価も高い

正眼寺の食品庫には、旬の野菜が並んでいます。一番美味しい時期の野菜を食べると、心も体も健やかになるといわれています。

典座から「食」を学ぶ

実際の典座の仕事を見たくて、禅寺を訪問

ポジティプな気持ちで料理をするようになると、禅の食について、さらに興味が湧いてきました。そして、典座が料理を作る様子を見たいという気持ちが高まり、正眼寺の見学を申し出ました。『典座教訓』に書かれている教えを知るには、食事担当の典座が食にどう向き合い、どのように大切にしているのか、実際に修行の様子を見ることが一番だと考えたからです。

正眼寺は、今もかまどで煮炊きをしている禅寺です。私が訪れた時は、ちょうど「斎座《さいざ》」と呼ばれる昼食の準備をしていました。「斎座」は麦飯と味噌汁、

野菜を炊いたものなどがつく一汁一菜です。

手際よくていねいに作られた食事

ちょうどこの日は、近所の子どもたちが禅寺修行に来ていたこともあり、「斎座」は少し豪華な炊き込み御飯でした。お寺の台所には、きれいに切り揃えられた野菜、洗ってざるにあげてある米など、一目でていねいに準備がしてあるとわかる食材が並んでいました。

かまどに薪をくべて火が点くと、まずご飯を炊き、炊き上がって、蒸らしの段階になると火の付いた薪は汁物を作るかまどへと移動。ご飯を炊いた残り火で汁物を作っていきます。そのすべてに**無駄のない作業と、段取りの素晴らしさに目が釘付けになりました。**

正眼寺での食事準備

典座が段取り良く準備をする様子は無駄な動きがなく、手際がとてもいいのに感心しました。ていねいに食材を扱う姿も印象的でした。

出来上がった料理は、炊き込みご飯と、すまし汁、かぼちゃの煮付けといったシンプルなものでしたが、面取りがきちんとされたかぼちゃなど、素材一つ一つの見た目の美しさにも心惹かれました。

心が落ち着く、やさしい味

ひとくち食べて驚いたのは、そのやさしい味です。旬の野菜が持つ、本来の甘みや旨みが際立ち、食材が生かされていると感じました。**ていねいに作られた料理は、ゆっくりと味わいたいと思うようになり、しっかり咀嚼すると心もお腹も満たされていきます。**ボリュームはありませんが、こうした料理を食べて、雲水たちは作務に励むわけですから、普段私たちは、必要以上に食べているのではないかと振り返る機会にもなりました。

滋味あふれる料理に感動

斎座（昼食）をおすそ分けしていただきました。特別な食材を使っているわけでもないのに、深い味わいで、心が満たされていくのを感じました。

燃料もムダにしない

炊き込みご飯が炊き上がったら、まだ火がついている薪を、吸い物用のかまどに移し替えます。

面取りされたかぼちゃ

きれいに切り揃えられたかぼちゃ。見た目も美しく、素材を生かした味付けで、やさしい甘さです。

お寺ごはんをおうちごはんに

三徳六味《さんとくろくみ》が精進料理の基本

『典座教訓』には、料理の味付けに関して、苦味、酸味、甘味、辛味、塩辛味、淡味の「六味」が整っていなければならないと書かれています。また調理に関しては、軽軟《きょうなん》（あっさりとして柔らかい）、浄潔《じょうけつ》（清潔でさっぱりしていること）、如法《にょほう》（正しい方法でていねいに作ってあること）の「三徳」がそなわっていなければ、修行僧たちに食事を供養（＝提供）したことにはならないと言われています。

六つの味のバランスがよく、三つの徳が備わっていることが、精進料理では大切であり、そのためには、作る人が細かなところまでに注意を払わなければいけないのです。和食では、普通「五味」を大切にしますが、精進料理では、そこに「淡い」味が加わります。これは食材の持つ本来の味を引き出すということです。

だしを取ることからはじまる

精進料理では、味の基本となるだしをとるのにも、魚介類のものは使いません。基本となるのは、昆布と干し椎茸です。２種類を合わせて使うこともあります。

だしを取る手順は難しいものではありません。ほんの少しの時間と、わずかな手間をかければいいのです。私がやっている方法を紹介しましょう。

真剣に味見をする典座

典座の舌一つで、雲水全員が食べる料理の味が決まります。食材の味を知ることも、大切な修行の一つだとわかります。

◎昆布……使いやすいように5センチ角程度に切って、1枚につき1カップの水を注いで一晩、冷蔵庫に寝かせます。

◎干し椎茸……干し椎茸にひたひたの水を注ぎ、一晩冷蔵庫で寝かせます。使うときは、浸けておいた椎茸を軽く絞って、取り出し、戻し汁を使います。

特別なことをするわけでもなく、ただ浸しているだけですが、どの料理を作るにも、このだしがポイントになっており、この**だしの味が感じられるような味付けにすると、食材の味も生かされるということもわかりました。**もちろん、だしをとったあとの昆布も使います。正眼寺では、細かく昆布を刻み、味噌汁の具に入れていました。私は、佃煮にしています。干し椎茸の場合は、そのまま炊き合わせや、炊き込み御飯、けんちん汁と、どのような料理にも使えます。

ベーシックな調味料で素材の味を引き出す

精進料理の基本的な味付けは、昆布だしとしょうゆ、砂糖、塩、酒、みりんといったシンプルなものだけです。それらを料理に合わせて選び、使う量を変えることで、素材の味を生かしたものとなり、味は無限に広がっていくのです。食材の持つ本来の味を知ること、つまりその食材の旬の美味しさを知ることで、料理への意識が変わるのだと思いました。

調味料で持ち味を引き出す

写真は正眼寺の調味料。濃い味付けだと、素材の味がわからなくなりがちです。薄味が基本で、調味料は素材の味を引き出すために使います。

昆布だし用のポット

常にだしを保存しておけるように、専用ポットに昆布を入れて、冷蔵庫で保存しています。どんな時にでもすぐに使えます。

干し椎茸の香り広がる炊き込みご飯

禅寺の昼食は、基本的には麦飯ですが、
来客がある時や命日など、
特別な日は具材を一緒に炊き込んだ
炊き込みご飯が登場します。
正眼寺の炊き込みご飯の具は、
椎茸と油揚げというシンプルなものでしたが、
干し椎茸のだしの旨みがたっぷり。
椎茸と油揚げのそれぞれの滋味も
体に染み入ってくるようです。

材料（4人前）

米 ……………………… ２合
干し椎茸 ……………… ２枚
油揚げ ………………… １枚

★干し椎茸の戻し汁
…………………… 400ml
★醤油 …………… 大さじ２
★塩 ……………………… 適量

手順

1. 干し椎茸はひたひたの水で戻しておく。戻し汁はこしておきます。米は研いで浸水させておきます。
2. 戻した椎茸は軸を切り落として薄切りにします。
3. 油揚げは油抜きをしてから薄切りにします。
4. 米が浸水できたら、一度ざるにあげて 30 分ほどしっかり水気を切ります。
5. 炊飯器の内釜に米を入れ、★を入れて全体を混ぜ合わせたら、具材を上から加え、炊きます。
6. 炊き上がったら全体を混ぜます。

※ P80 〜 85 はお寺の料理を家庭で作りやすくアレンジしたものです。

ほくほく甘い かぼちゃの煮物

かぼちゃそのものの甘みをいかして
薄味に仕上げた煮物は、
ほっこりとするやさしい味。
かぼちゃの色にも温かみを感じる、
精進料理の定番人気です。
シンプルなだけに、ていねいな下ごしらえと、
しっかりと味を染み込ませることがポイント。
かぼちゃの種類によって、
かぼちゃ自体の甘みが違うので、
調味料の配合も考えて、家族の味に。

材料（4人前）

かぼちゃ ……… 1/4 カット

★醤油 …………… 大さじ２
★酒 ……………… 大さじ４
★砂糖 …………… 大さじ３
★みりん ………… 小さじ１

水 …かぼちゃが浸るくらい

手順

1. かぼちゃは種とワタを除き、食べやすい大きさに切ります。
2. 煮崩れしないように皮の方の面取りをします。
3. ★を鍋に入れて、沸騰して砂糖が溶けたら弱火にして、かぼちゃの皮を下にして並べます。
4. ふたをしてそのまま１０分ほど蒸し煮にします。

すまし汁

大根の食感がアクセント

ていねいにとった昆布だしの旨みを
最大限に生かしたすまし汁です。
具はわかめと大根だけですが、
シンプルなだけに、
大根のシャキッとした
食感が引き立ちます。
保存のきく乾燥わかめは、
栄養もあり、お腹持ちもいいので
精進料理には欠かせない食材です。

材料（4人前）

大根 ………………… 100g
乾燥わかめ…………… 適量
昆布のだし汁
……………………… ５カップ

★うすくち醤油 … 小さじ２
★塩 ……………大さじ 2/3
★酒 ……………… 大さじ２
★みりん ……………… 適量

手順

1. 大根は短冊切りにしておきます。乾燥わかめは水で戻しておきます。
2. 大根と昆布だしを入れて煮ます。
3. 大根に火が通ったら、★と水で戻したわかめを入れてひと煮立ちさせます。

食材になりきると料理がうまくなる

料理法に悩んだら食材になりきる

「食材と道具は自己そのものなり」という教えが『典座教訓』に書かれています。「食材＝自分」とはどういうことなのか悩んでいるときに読んだ、梶浦逸外老師の著作『精進料理の極意』に答えがありました。**その食材が自分自身だと思えば、どう料理されると嬉しいかがわかり、自然と料理方法が見つかる**と書かれていたのです。こういう考え方があるのかと、驚きでした。

たけのこに会えばたけのこになりきり、松茸に会えば松茸になりきる。大根も人参もしかり。食材になりきると、その持ち味を知るとともに、お互いの持ち味を出し合って、それらがどう融合して美味しい料理になるか。この教えから、食材についてこれまで以上に考えるようになりました。和えたり、すりつぶしたり、揚げたり、煮たりしながら、食材の特徴や食材同士の相性も考えるようになり、同じ野菜を使ったメニュー数も自然に増えてきました。

お陰様の思いで食材を扱う

食材とは「縁」で結ばれているという考え方にも感心しました。野菜は農家の人が懸命に育て、その後、スーパーの店頭に並ぶまで、多くのプロセスがあります。そのすべてに人の手が関わっています。**「どんな食材も百人の手を経ていまそこにある」**というのが禅のことばですが、こうしたプロセスを経て、私の手元にやってきた食材は、やはり縁で結ばれていると思わざるを

下ごしらえされた野菜

食材はきれいに切り揃えられ、アク抜きなども行います。食材になりきって、一番美味しい状態を考え、下ごしらえをします。

えません。

禅でよく出てくる「お陰様」という言葉は、ご先祖への感謝の思いを表したものですが、陰で食材を育て、届けてくれた多くの人に対しても、同じように「お陰様」の思いを持つことは当たり前のような気がします。お陰様の思いと、心からの感謝の気持ちを持つことができれば、自然と食材の気持ちもわかり、食材になりきれるのではないかと思うようになりました。

食材の命を感じながら大切に扱う

精進料理では「一物全体《いちぶつぜんたい》」という教えを大切にしています。これは命あるものは全体でバランスがとれているので、素材は全部使い切る、捨てるところはないという意味です。

こう考えると、野菜の切れ端もムダにできません。大根の皮はきんぴらに、葉は甘辛く炒めれば立派な副菜になります。こうして、どんな部分も余すことなく、とことん使い切ります。

以前、料理講師の兼子尚子先生に、**野菜のくずを使ってだしをとるスープがあると聞いてからは実践をしています。**作り方はとても簡単。

①キャベツの芯や玉ねぎの皮、かぼちゃのワタや種など、残った野菜をよく洗い鍋に入れる。量は水1.3リットルに両手いっぱいが目安。

②水と料理酒（大さじ１）を入れ弱火で30分、グツグツと煮てざるで漉《こ》す。

様々な野菜から旨みが出て、やさしい味のだしがとれ、塩コショウをするだけで、体に染み入るようなスープが完成します。皮や種には実にはない栄養も備わっているので、野菜もすべてを食べることが栄養的にも体にとっても好ましいのです。

すべてを無駄にしないという料理を心がけることで、食材への感謝の気持が増したように感じています。

野菜の皮でだしをとる

残った野菜を無駄なく使い切ることができます。野菜の種類は多い方が美味しくできます。

料理は段取りが八割

料理はすべての材料を切ることから

「段取り八分、仕事二分」といいますが、これは料理にも当てはまります。段取り、つまり下準備が八分できれば、調理する二分はスムーズにいきます。基本の段取りは次の通りです。

①すべての材料を揃えて、洗うことをまとめて行い、次にまとめて剥《む》き、切る。
②ゆでるものがあれば、あらかじめ鍋にお湯を沸かしておいて、まとめてゆでる。
③調味料は計って用意をしておく。

あとは調理の順番で、時間のかかるものから作り始めます。特に煮物は冷ました方が味がしみこむので、早めに取り掛かり、待ち時間に他の作業を進めていけばムダがありません。正眼寺でも、炊き込み御飯の米はあらかじめざるで水が切ってありましたし、油揚げやしいたけなど、すべての材料が小鍋に分けて入っており、一気に米と材料を大きなお釜の中に投入していました。

片づけを考えて段取りよく調理する

下ごしらえは、包丁を何度も洗わなくてもいいように、まずは野菜、最後に肉や魚という順番で切ります。また、**ゆでものをしている時に平行して、フライパンで炒めものをし、調理後に残ったゆで汁でフライパンを洗えば一石二鳥です。**効率よく調理器具を洗えば、食後は食器を洗うだけです。

野菜を切るのも段取りよく

炊き込み御飯の具材をあらかじめ水で戻したり、切ったり、すべて準備をしてから調理にとりかかっていました。

いただきますに心を込めて

ながら食べは虚しい気持ちになる

忙しい毎日の中での食事の時間。ついついスマートフォンを見ながら、パソコンで書類の確認をしながら、はたまたテレビを見ながら……。職場でも外食先でも、こうした「ながら食べ」をする姿をよく眼にするようになりました。そういう私も、自宅ではついついスマートフォンを見ながら食べてしまうこともあり、今思い返すと、そういう時は何をどう食べたかということはまったく記憶に残っていません。もちろん心から美味しいと思えるはずもありません。逆の立場で、これまで書いてきたように家族のことを思い、食材への愛情をたっぷり注いで作った料理を、気もそぞろに食べる家族の姿を見たらどう思うでしょうか。悲しいだけでなく、虚しい気持ちになり、せっかくの大事な食事の時間が苦痛なものになってしまいます。

お茶を飲むときは、そのことだけに集中する

私の好きな言葉に「喫《きっ》茶《さ》喫飯《きっぱん》」という禅語があります、「お茶を飲む時にはそのことだけに集中して、お茶と一つになる。食事をする時にはそれに集中して、食事と一つになる」という意味です。**ひとくちごとに箸を置きながら、一つ一つの料理をていねいに味わう**ことを作法とする禅の教えですが、これは私たちの生活の中でも大切にしなければならない心がまえではないでしょうか。

２つのことは同時にしない

茶道からも「手の動きは同時にしない」など、今行っていることに集中することの大切さを学んでいます。

いただきますの意味を考える

食事の時には、手を合わせて「いただきます」と言いましょうと、誰もが教えられたはずです。ところで、いったい何をいただくのでしょうか。

目の前の料理をいただくことはもちろんですが、料理に使われている、肉も魚も、野菜も海藻類も、果物や木の実も、すべて命があったものです。私たち人間が生きながらえるために、これらの命をいただくのです。**あらゆる命に対する感謝の言葉が「いただきます」なのです。**精進料理では食べない動物や魚の命は、一度失われたら、二度と蘇ることはありません。そう思えば「いただきます」ということの大切さがわかります。

ただ、この手を合わせて「いただきます」も、最近ではあまり目にしなくなった気がします。私たちが生きるために、あらゆる食材は、自らの命を投げ出してくれているのです。心の中で「いただきます」と手を合わせるだけでも、感謝の思いを持つことができ、自然と背筋が伸び、食べる時の食事作法も美しくなるのではないでしょうか。

雲水は食べるのも修行

雲水が料理をいただくときの心がまえを書いた『赴《ふ》粥《しゅく》飯《はん》法《ぽう》』という書があります。食事をする僧堂への入り方から食器の扱い方、お粥の食べ方のほか、いっさい話をしない、音を立てない、隣人の器を覗き込まないなど、雲水が行うべき食事作法が50項目以上書かれています。これを読むと、食事をすることも修行であることがわかり、いかに感謝して食事をいただくべきかを教えられます。

雲水は、「いただきます」とは言いません。しかし、食事の前には「般若心経」などのたくさんのお経を唱えます。代表的なものが「食事五《ご》観文《かんもん》」です。目の前の料理を食べるに値する人間かを自問させ、食事への向き合い方を教えるものです。一般の食事にも通じる教えなので、簡単に説明します。

食事をすることも修行

正眼寺での昼食の様子。ひと言も話をせず、ていねいに味わう雲水たちの姿に「食べる」ことの意味を教わりました。

「食事五観文」

一つには、功の多少を計り、彼《か》の来処《らいは》を量《はか》る。

――この食物が食膳に運ばれるまでには、幾多の人々の労力と神仏の加護によることを思って感謝いたします。

二つには、己が徳行《とくぎょう》の全欠をはかって供《く》に応ず。

――わたくし共の徳行のたらざるに、この食べ物をいただくことを過分に思います。

三つには、心を防ぎ、過貪等《とかとんとう》を離るるを宗《しゅう》とする。

――この食べ物にむかって貪《むさぼ》る心、厭《いと》う心を起こしません。

四つには、正に良薬を事とするは、形枯《ぎょうこ》を療《りょう》ぜんが為なり。

――この食事は、天地の声明を宿す良薬と心得ていただきます。

五つには、道業《どうぎょう》を成せんが為に、将《まさ》にの食《じき》をうくべし。

――この食物は目標達成をするためにもいただくことを誓います。

他者にも分け与える気持ちを持つ

禅宗では、食べる前にご飯を7粒ほど取り分けておく「生飯《さば》」という作法があります。食事が終わるとこれを回収して、池の鯉や鳥にあげるのです。そもそも食事は自分だけが食べるのではなく、**あらゆる他者にも分け与える気持ちを持つこと**が大切という教えです。「食事五観文」も「生飯」も、禅における「食」の考え方は、私たちが忘れていたことを気づかせてくれるものだと思います。

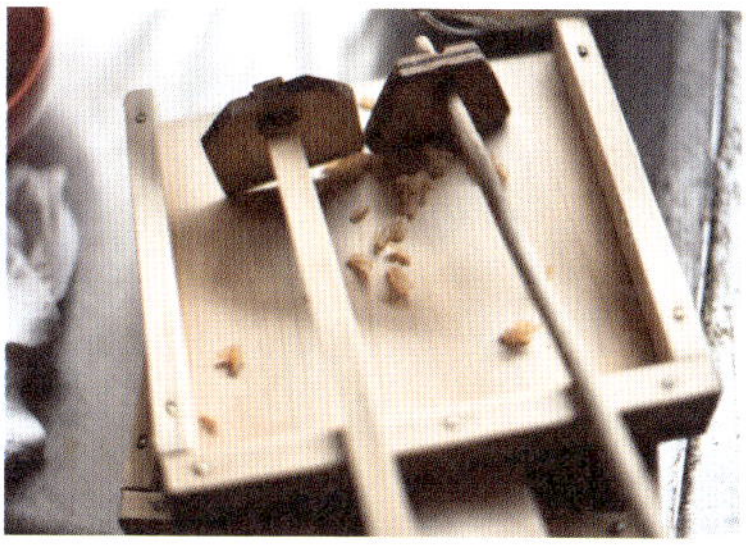

生飯の作法に感動

食事が終わると、全員分の生飯を「生飯掻」という道具で集め、外に運んで野鳥や魚に施します。他者を慈しむ心の大切さに気づかされました。

美しい所作で食事をとる

器は両手で持ち、ひとくちごとに箸を置く

正眼寺で雲水たちの食事の様子をそばで見ていたのですが、物音一つしない、静寂な空間に、不思議な感覚を覚えました。粛々と食事をいただく。そんな姿を見て、これほどまでに美しい食べ方があるのかと思ったほどです。

禅寺では、坐禅を組む禅堂と浴室と食堂の３ヵ所は、沈黙を約束されている「三黙堂《さんもくどう》」と呼ばれています。特に**食堂では、話すことも、箸や持鉢を置く音も、咀嚼《そしゃく》する音さえも禁じられています。**また必ず両手で持鉢を手に取り、できるだけ顔に近づけて食べます。いったん両手で置いてから、次の持

鉢をまた両手で取ります。当然その間は箸を置くことになります。雲水たちの所作が美しいのは、ひとくち食べるごとに箸を置くからなのです。

食事作法を見直して「食」と向き合う

一般家庭では、食事は家族とのコミュニケーションの場なので、雲水のように、無言というわけにはいきませんが、食事をするときの美しい所作は真似したいと思いました。

器や箸を扱うときは、両手で持ち、器を持ったまま、他の料理に目移りしない。音をたてて ものを食べない。食べているものに集中し、じっくり味わうなど、**作法にのっとって食事をするよう心がけると、自然に「食」への感謝の気持ちが湧いてきます。**

物音一つしない食事

食べる音や持鉢を置く音も何も聞こえない無音の世界。静かに食事をする姿から、食事への感謝の思いが伝わってきました。

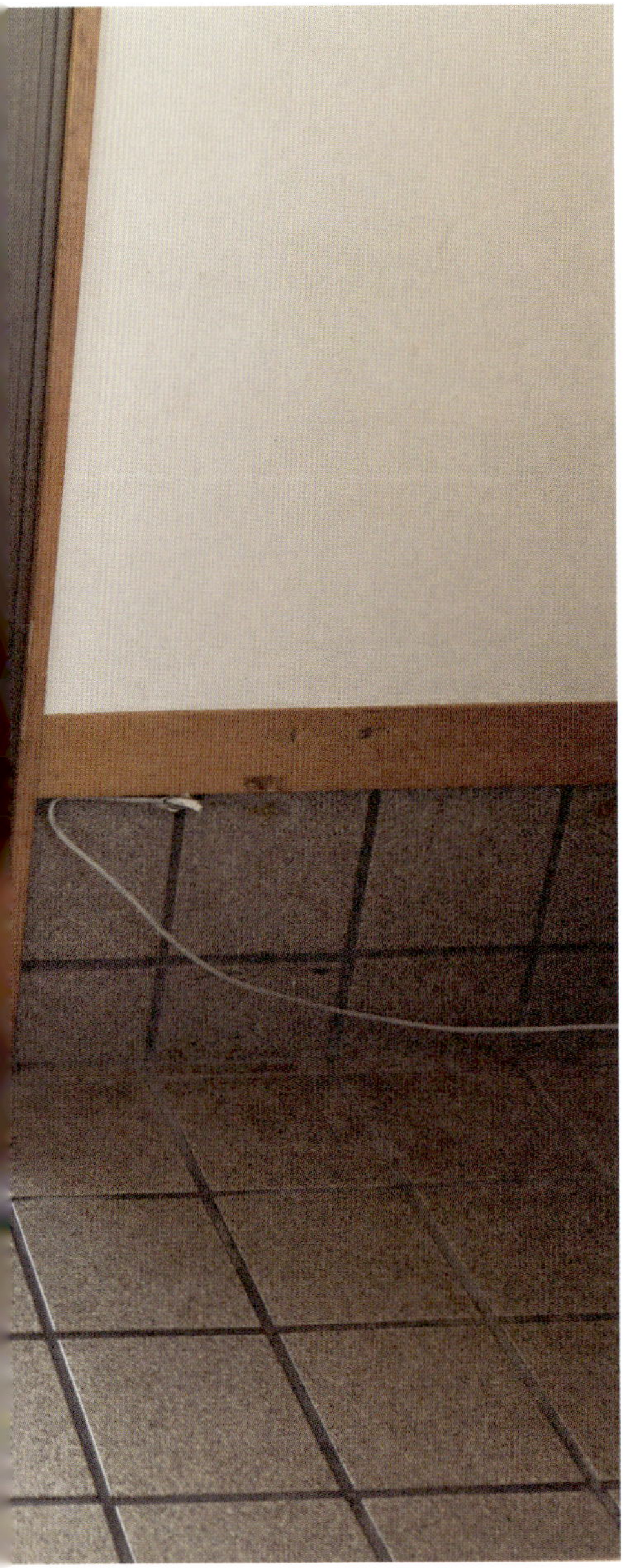

第3章

心が整う

掃除

掃除は心を磨くためにする

掃除をする意味を知る

掃除は正直に言うときらいです。めんどくさいですし、やらなくて済むものならば、やりたくないというのが本音です。ただ、毎日暮らしていれば、台所も洗面所も玄関もいつの間にか汚れています。そうなると、最初は「仕方なく」掃除していますが、やっていくうちに、どんどん家の中がきれいになっていき、とても清々しい気持ちになることがあります。

正眼寺を訪れた時、雲水たちが本堂を掃除をしていました。床はピカピカで汚れていないのに、なぜていねいに掃いているのか不思議に感じました。

禅語に「一掃除二信心」という言葉がありますが、信心よりも掃除の方が大事だと位置付けています。雲水たちの掃除は、まさにこの禅語を体現しているのだと思いました。

掃除は「心を磨く」作業

禅では、人の心につもるちりやほこり、つまりお金や名誉といった欲などの「煩悩」を、常に払っていかなければなりません。この行為が掃除なのです。掃除をしているうちに、部屋がスッキリし、清々しい気持ちになっていくのは、心のちりやほこりが払われ、心が磨かれたからなのです。「心を磨く」作業、これこそが禅でいう掃除なのです。

掃除は自分のためにする

めんどうな掃除は、つい後回しにしがちです。「来客のため」にでなく、「自分のため」にするという意識を持つと習慣化しやすくなります。

掃除をルール化する

日常の行動と掃除をセットにする

雲水たちは、毎日「作務《さむ》」といわれる仕事を行います。「一日不作一日不《いちじつなさざればいちじつくらわ》食《ず》」という禅語があり、作務をしなかった日は食事もしないという意味ですが、雲水の生活の中に深く根付いている考え方です。この作務のメインが掃除です。起床してから、すべての行動は時間が決められていて、掃除をする場所も時間も決められています。その時、その場の掃除に集中します。同じように、日常生活の中にも、時間と場所を決めて掃除をすれば、習慣化されて苦ではなくなるのではないかと思いました。

そこで、掃除のスケジュールを決めました。たとえば、朝出かける前の5分は掃除時間と決め、携帯も切って、心を込めて掃除をします。姿見を拭き、脱衣所の髪の毛を吸い取り、洗面台周りの汚れをタオルで拭きます。これでだいたい5分です。

曜日ごとに掃除する場所を決める

掃除をルール化する時、曜日ごとに掃除する場所を決めておくという方法もあります。月曜は玄関、火曜はキッチン、水曜はお風呂、トイレ、洗面所などの水まわり、木曜は庭、金曜はリビングといったように決めておいて、1回30分間と時間も決めておきます。毎朝の5分の掃除と組み合わせれば、汚れが溜まることもなくなります。

出かける前の５分で掃除

洗面所は汚れやすいので、毎日掃除をしたい場所です。出かける前に掃除すると決めたら、習慣化できました。

掃除をしたくなるひと工夫

掃除に対してのモチベーションを上げるために、私は洗剤をお気に入りの容器に入れ替えています。市販の容器のままより、見た目がシンプルになりますし、意外にもこんな小さなことでも掃除が楽しくなります。そしてとにかく決めたルールを毎日続けるということです。継続は力なりで、何も考えずに決められた場所を決められた時間だけやっていくことで、自然と家がきれいになります。そうなると自然と心も整ってきます。すると、掃除が苦になるどころか、掃除に対して、前向きな姿勢に変わっていくのです。

プチ掃除をしやすくする

決めた時間内だけの掃除できれいにするためには、毎日気づいた時にどこでもさっと掃除をするプチ掃除習慣が必要です。たとえば玄関にほうきとちりとりを置いておき、三和土《たたき》が汚れてしまったら、すぐ掃き出します。洗面所にはコードレス掃除機を置いておき、髪の毛を乾かしたらすぐに落ちた髪の毛を吸い取ります。

いずれもほんの数分でできることですが、わざわざ取りに行くのではなく、掃除用具がすぐ目の前に置いてあるということがポイントで、掃除をすることへの心のハードルがぐっと低くなります。

玄関にほうきを置く

下駄箱にほうきを入れておきます。靴を片づけるのと同時に、三和土の汚れを掃いておけば、週に一度、玄関の掃除の日もとてもラクになります。

お風呂は心の垢を落とすように磨く

禅寺のお風呂は特別な場所

禅寺では「食事をする所」「お風呂」「禅堂」は三黙堂と言われ、無言を貫き、きれいに保たなければならない大切な場所の一つとされています。雲水らは、大きな音をたてることなく、静かに入り、身を清めます。お風呂は手洗い同様に、誰にも見られない場所であるからこそ、自我が出やすくなります。そういう場所こそ、きれいに掃除をしておくことで、心の乱れが整うというのが禅の教えです。**浴室にカビが生えていれば、心にもカビが生え、身体をていねいに洗わなければ、心の垢も落とせません。**いのちの源となる水場の汚れは、そのまま心の汚れにつながるのです。心の垢を落とすように、お風呂はしっかりと磨き上げることが大切です。

浴室の汚れは酸性の洗剤で除去

浴室で一番やっかいなのはカビです。カビを発生させないためには、**お風呂からあがる時に、壁やドアの水気を拭き取る習慣をつけること。それでカビの発生をかなり防止できます。**それでも毎日使う所なので汚れはついてしまいます。汚れのおもな原因がせっけんかす、水垢なので、酸性のクエン酸水溶液が効果的です。週に一度は磨き上げましょう。

クエン酸水溶液を使って

扉や鏡、換気口などもクエン酸水溶液を使って汚れを落とし、仕上げはお湯ではなく水で流すと湿気がこもりません。

ものが減ると掃除がラクになる

まずは掃除道具を減らす

整理収納アドバイザーという仕事をしていますので、自宅でも物を増やさず、スッキリと生活することを常に心がけています。ところがある日、家の中を見てみると、**掃除用の洗剤を何種類も持っていることに気づきました。**台所用、お風呂用、トイレ用、窓用、フローリング用…。実際、使っていない洗剤も数多くあり、ストックするだけでもかなりの場所をとっていました。そんな時、我が家のリフォームを担当した方から教えてもらったのが「ウタマロクリーナー」でした。肌があれにくい中性洗剤で、台所の油汚れも、フローリングの汚れもきれいに落としてくれると聞き、それ以来、我が家のメイン洗剤になりました。おかげで、洗剤の買い忘れを気にすることもなくなりましたし、収納スペースも広がりました。

お寺の道具はたった3つ

正眼寺で使っていた掃除用具は、ほうきとバケツとぞうきんだけでした。床は米ぬかを使って磨き上げており、洗剤のようなものは使われていません。それでもピカピカに鏡のように輝いています。これは毎日何度も磨いているからで、汚れをためないことの大切さを教えられました。汚れはすぐにきれいにすれば、強力な洗剤は必要ないのです。

我が家のメインはこれ
液体の「ウタマロクリーナー」が我が家の定番洗剤です。洗剤の数を減らしたことで、買い忘れのストレスからも解放されました。

床に置いてあるものから減らす

家の中が片づいていないお宅は、まず床が物で埋まっています。部屋がきれいに感じるコツは、床に物を置かないことです。部屋の大きな面積を占める床が広く見えるだけで、家の中はスッキリと片づいているように見えます。

床に物が置いてあると、物を動かしてから掃除機をかけなければならず、掃除の手間が増えることで、めんどうだと思ってしまいます。まずは、物の収納場所として床は考えないようにしましょう。

床に置きがちな物は、収納スペースに定位置を決めて片づけます。置き場所を決めれば、それ以上増えた時に、使わないものは捨てるか、新しく買い足さないということになるため、余分なものを買うこともなくなります。こうしたスペースを作るためには、

①家にある収納全体の2割はあけておく。

とりあえずでも、この空きスペースに入れておくだけで床はきれいな状態をキープできます。

②遅くとも翌日には定位置に戻す。

これを習慣化すれば、床に物が散らかることはなくなります。床がスッキリしていると、自然と掃除のやる気も出てきますし、お掃除ロボットも動きやすくなり、さらに部屋もきれいになっていきます。まずは「床に置かない」を徹底してみましょう。

ちょい置きスペースが有効

我が家には、捨てるかどうか未決の郵便物、やりかけの書類など、少しだけ出したままにしたいものや、片づけたいけど、時間に余裕がないものなどを置く、「ちょい置きスペース」があります。翌日には片づけるルールなので、部屋に散乱することもありません。

ちょい置きスペースを作る

リビングのキャビネット上が我が家の「ちょい置きスペース」。あくまで仮置き場なので、翌日には片づけます。

ものを手放す仕組みを作る

手放すと心がラクになる

いつの間にか増えてしまう家の中のもの。洋服や食器など、なかなか手放せないという方も多いようです。実は私も捨てるのは苦手です。手放すときは、「本来《ほんらい》無《む》一物《いちもつ》」という禅語を思い出します。何も持たずに生まれてきたのが人間の本来の姿であるという教えです。生きていくうちにさまざまなものを身にまとい、手放したくないと思う。それは執着でもあります。何かを手放しても、失っても、「本来の姿」に戻っただけなのです。

ものがたくさんあることが幸せと考え違いをしていませんか？　自分で管

理できないほどものがあるのなら、本当に必要なものだけに厳選していきましょう。何から手放せばいいか判断がつかない場合は、3年着ていない洋服を手放すなど「期限」を決めて、定期的にチェックしましょう。

捨てにくいものは手放す日を決める

手放したくても、家族のものや、不燃物、家具など、すぐに捨てられないものもあります。こうしたものは、いつまとまった時間が取れるか、家族とコミュニケーションを取り、日時を決めることから始めましょう。粗大ゴミなどは、回収日などを下調べし、「回収日の前日、作業をする」など取り組む日時を決めておくと行動しやすくなります。

夫婦でカードを手放す

気づけば増え過ぎてしまったクレジットカード。退会は、本人からの申し出が必要なので、夫に声をかけ、休日の朝に退会の連絡をしてもらいました。

掃除の基本は、ほうきとぞうきん

ぞうきん１枚で家中がきれいになる

ぞうきんは、掃除機だけではきれいにならない隅々の汚れまできれいにしてくれる優れものです。ぞうきんをかける時は目線が低くなるので、汚れも目につきやすくなるからです。拭いた後の汚れたぞうきんを見ると、どれだけきれいになったかわかるのも満足感につながります。

ぞうきんさえあれば、家中拭くことができますが、禅寺では、ぞうきんと「浄《じょう》きん」を揃えています。浄きんは食事をとる所と、仏壇や仏具を拭く時に使うものです。きれいな布で拭くべきところに使います。床を拭くぞうきんと、食卓を拭く台拭きと分けている家庭も多いかと思います。上手に使い分けて、家中きれいにしたいものです。ところで、みなさんは、ぞうきんを絞るとき、ぞうきんを横に持っていませんか。縦に絞るほうが、力が入るので、写真を参考に絞ってみてください。

①ぞうきんをまとめる
水で濡らしたぞうきんを細く縦長に丸め、片手でぞうきんの端を握って、手の平の側を上に返します。

②縦にしぼる
もう片方の手で、垂れ下がったぞうきんの下の端をにぎり、両手が上下に並ぶようにしてから、ねじっていきます。

玄関をスッキリさせる方法

ものの量と収納のバランスが崩れやすい場所

家の顔である玄関。最初に入った時の印象がそのままその家の印象として植え付けられるところでもあります。ここには靴はもちろん、傘やゴルフバック、子どものおもちゃ、ボールなど多くのものが出しっぱなしの状態という家庭も珍しくありません。ついつい靴を片づけずに置きっぱなしに。家族全員が同じことをすれば、たちまち玄関の三和土は靴や他のものであふれかえってしまいます。

そもそも玄関とは、仏教から生まれた言葉で、「玄」は深い覚り、「関」は関門。

つまり「深い覚りに入るための関門」という意味です。ここをきれいにしておかなければならないことがわかります。まずは玄関に置くものを減らすことから始めましょう。シーズンオフの靴や冠婚葬祭時の靴など、頻繁に使わないものは、箱に入れてクローゼットなどに移動させます。靴も衣替えをす

玄関は常にスッキリさせておく

玄関は家の中でも特にきれいにしておきたい場所。三和土に出していい靴は１人１足と決め、余計なものを置かないように心がけています。

る感覚です。箱に入れると重ねて収納できるので便利です。ボールなど収納しにくいものも箱に入れるとうまく収まります。その際、箱に中身がわかるように書いておけば、必要な時にすぐに取り出すことができます。

仕上げには水拭きを

下駄箱の中は、靴の湿気で蒸れやすいのも特徴です。我が家は下駄箱の扉を籐にして通気をよくしていますが、普通の扉の場合は、履いた靴をすぐに下駄箱に片づけないようにしましょう。汗をかいているので、ひと晩は玄関に出したままで休ませることが大切です。週に１、２回は扉を開けて換気を行うことも必要です。また除湿・防カビ剤を入れておくとさらに安心です。

玄関は砂やほこりなどでとても汚れやすいところです。通常は、屋外用のほうきで砂やほこりなどを掃いてちりとりでゴミを取るという方が多いと思いますが、それだけでは不十分です。寺では多くの人が出入りするので、一日に何度も水拭きをしていました。まずは玄関に何もない状態にまで片づけてから、ほうきでていねいに砂や髪の毛、ほこりなどを掃き出します。**きれいになった**

らぞうきんで水拭きをします。水拭きは、毎日は難しくても、週に一度は行いましょう。きれいな玄関は清々しくて気持ちのいいものです。

①ほうきでほこりを掃き出します

玄関に置いてあるものを移動してから、ほうきでホコリや砂などを掃き出します。

②ぞうきんでたたきを拭く

玄関用にぞうきんを一枚用意します。水をよく絞ってから、三和土を水拭きします。

トイレこそきれいに

素手で掃除をすれば心も美しくなる

トイレ掃除は、禅の修行の中でも重要なものとして位置付けられています。禅寺ではトイレは「東司《とうす》」と呼ばれ、雲水のリーダーが掃除を担当します。それだけトイレ掃除には高い意識を持っているということです。トイレの汚れは自分の汚れの象徴としてとらえ、そこから清らかにすることが大事とされています。ちなみに、**禅寺では雲水たちはトイレでスリッパを履くのではなく、脱いで裸足で入ります。それくらいきれいなところで、神聖なる場所として考えられているからです。**

掃除は上から下へが原則です。照明器具をぞうきんで拭いてから、便器へ。ふたの表と裏、続いて便座を拭きます。便座を上げて裏までしっかり拭いたら、スポンジに持ち替え便器の中と進めて行きます。毎日洗っていれば、ひどい汚れがつくことはないので、毎回のお手入れがラクになります。

究極のシンプル空間

トイレマットもスリッパも何もない空間。清潔感にあふれているため、汚さずに使おうという気持ちになります。

手で洗えば、トイレブラシはいらなくなり、掃除道具を減らすことができます。また素手できれいに洗うことで、心も磨かれていく気持ちになります。

きれいを保つと汚れなくなる

目指すのは禅寺のように素足で入れるトイレです。トイレをきれいに保つ秘訣は、次に使う人を思いやること。美しいトイレに入れば自然に**「汚さないように使おう」という気持ちになり、トイレにほどよい緊張感が生まれます。**

緊張感を保つにはお寺のように、マットやスリッパを置かないという方法もあります。スリッパがあれば、床が汚れてもいいという気のゆるみになりますし、トイレマットも同様に少しぐらい汚れてもごまかすことができてしまいます。さらに、マットがない方が、床を拭くときにどけるという手間もなくなり、掃除もしやすくなります。

ただ、我が家は来客も多く、いろいろな価値観の方がいらっしゃいます。スリッパがないと不安な方、使った後にブラシを使ってご自身できれいにしてから出たい方もいらっしゃいます。

自分に甘えが出ないようにトイレと向き合う「姿勢」を取り入れながら、様々な状況に対応できるようにマット類も用意しています。

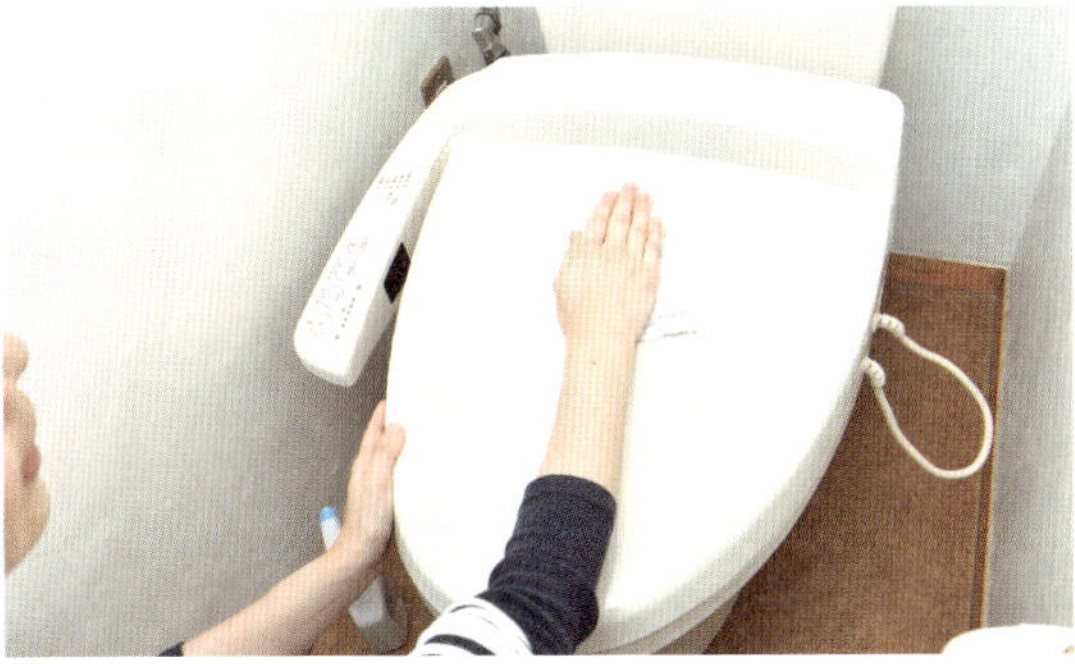

① ふたから素手でていねいに

照明→便器→床の順番に拭いていきます。便器のすみずみまで、手で拭いていくと、汚れの溜まりやすい隙間もきれいになります。

② 便器の中も手で

便器の中は、水が流れるフチ裏が汚れやすいところです。目を近づけて、スポンジのナイロンたわし側できれいにしていきます。

フローリングはから拭き

から拭き＋メンテナンスが基本

正眼寺の板の間が、黒光りするほどきれいに磨かれていたことが強く印象に残っています。「毎日磨くことが修行でもあり、自分の心の掃除でもある」「汚れがあれば、それは気の乱れのサイン」という考え方にも共感しました。

自宅のフローリングもきれいに磨きたいものですが、毎日何度も磨くことは現実的には難しいので、汚れたらすぐ拭き取るようにしています。

から拭きで取れない場合は、水拭き、それでも落ちない汚れは洗剤を使います。その際、気をつけなければならないのは洗剤の選び方です。セスキ炭酸ソーダや重曹は環境にも肌にもやさしいからと人気ですが、ワックスのかかったフローリングの場合は、ワックスを剥がしてしまうのでＮＧです。中性、または弱アルカリ性洗剤を薄めて使うのが基本。また水を含みすぎると、板が反りやすくなるので、洗剤を使っての掃除は月に数回で十分。**から拭き＋メンテナンスでツヤツヤの床を目指しましょう。**

①汚れがひどいときは、洗剤を使う

から拭きで取れない汚れは、ほこりやゴミを取ったあと、水拭きまたは、洗剤を使って汚れを落とします。我が家では愛用のウタマロクリーナーを汚れに吹き付けます。

②ぞうきんで拭きあげる

スプレータイプの洗剤は乾いたぞうきんで汚れを取ります。水で薄めるタイプはぞうきんを固く絞って汚れを取ります。

便利な道具も使っています

電化製品もうまく活用

ぞうきんとほうきとバケツ以外に、我が家ではコードレス掃除機と、お掃除ロボットも活用しています。せっかく便利な家電製品があるのですから、**厳選して活用すれば、毎日の掃除もラクに楽しくなります。**

コードレス掃除機は、洗面所周りの髪の毛を吸い取るのにとても便利です。いちいち掃除機を出してきて、コンセントに差し込んで、と思うだけで忙しい朝はおっくうになりますが、コードレス掃除機なら気軽にササッと吸い取ることができます。汚れたらすぐに掃除をする。これが汚くならない秘訣です。そのためには最適なグッズと言えるでしょう。

また我が家は畳が多いので、畳にも使えるお掃除ロボットも購入しました。仕事から帰って来たら、畳がきれいになっている。夢のような道具です。ただし床にものがないのが条件になるので、お掃除ロボットを活用してラクするためにも床にものを置かないようにしています。

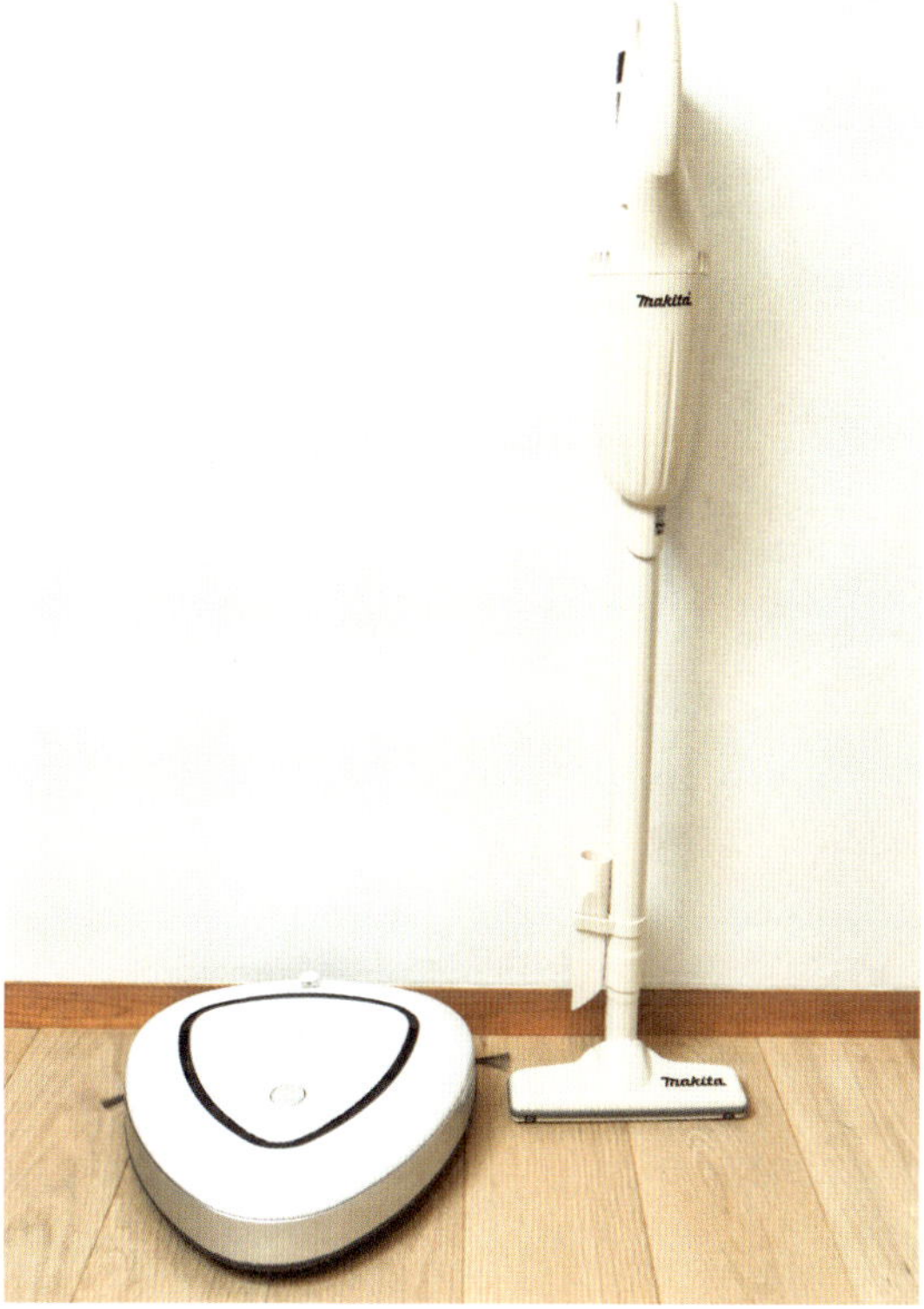

便利な電化製品も活用

マキタのハンドクリーナーは吸引力もあって軽いので使いやすい。お掃除ロボットは畳にも使える「ルーロ」です。

第4章

心が整う 禅のことば

心のもやが晴れる、暮らしの禅語

辛いこと、不安なこと、悲しいことなど、生きていれば負の感情にとらわれることもあります。そんな時、ふとした言葉に励まされたりしませんか？

禅語は、禅宗の僧侶たちの逸話や経典などからとられた言葉で、短い一句の中に、禅の教えが込められています。難しそうですが、実は食や掃除など暮らしに結びついた言葉も多いのです。生きることを少しだけラクにしてくれる発想やヒントが含まれている禅語にふれて、心をほぐしましょう。

一つのことに集中する

喫茶喫飯《きっさきっぱん》

お茶を飲む時は飲むことだけに集中し、ご飯をいただく時は食べることに集中する。他のことを考えたりすることはもちろん、美味しい、まずい、好き、嫌いということを考えずに、ただ無心にいただくのが禅の教えです。テレビを見ながら食べるという行動も、お昼を食べながら午後の仕事のことを気にしたりすることも、心を迷わせた

り、戸惑わせたり、不安にさせたりするのです。目の前のことに集中する。こうしてていねいに行動すれば、余計な思考にとらわれなくなり、心が軽くなるのです。

掃除で心をととのえる

一掃除《いちそうじ》二《に》信心《しんじん》

仏門の修行の基礎となるのは信心です。しかし、禅では、掃除を信心よりも大切なことだと位置づけています。掃除は、単にきれいにするというだけでなく、自分の心についたちりやほこりをきれいに払い、磨く行為だからです。修行僧たちは日に何度も掃除をします。ちり一つない床でも心を込めて磨き上げます。これは、心を磨くことに「もうこれで十分」ということがないからです。掃除をすることで、心を磨き、心をととのえる。心が乱れた時にこそ掃除をすると、落ち着くものです。

すべてを捨てる

放下着《ほうげじゃく》

「何もかも捨ててしまいなさい」という意味。生きている限り、さまざまな思いにとらわれます。いろいろな物に縛られます。そのことで正しい判断ができなくなることもあります。そのような思いや物を一つ一つ捨てると、一つ執着から離れることになります。心の重荷を一つ下ろすことができるのです。こうして今もっているものをすべて手放してしまえば、身も心も軽くなります。無意味なプライドも、あり余るほどの物からも解放されると、今あるがままの自分にも自信が持てるようになります。

美しい心になる

行住《ぎょうじゅう》坐《ざ》臥《が》

行（歩くとき）、住（立ち止まるとき）、坐（すわっているとき）、臥（横になって眠るとき）など、日常生活のすべての所作、立ち居振る舞いが修行であるという言葉です。所作に心は表れます。美しい所作や立ち居振る舞いを心がけることで、美しい心が宿ります。四六時中、すべての所作を、心落ち着けて基本を忘れず大切に実行することで、自然と心の美しい人間へと変わっていくことができます。このことから、日常の行動すべてが修行になるということがわかるのではないでしょうか。

足下を見つめる

脚下照顧《きゃっかしょうこ》

脱いだ履物は揃えて、足下をしっかり見なさい、という意味です。履物が揃えられないのは心が乱れているからです。足下を見つめられないのは、心が浮ついているからです。足

下、つまり自分が置かれた場所に目を向けて、その場所をよく確かめることが大切です。暗闇の中で、地面がどこにあるかわからなければ不安で歩けません。たとえ暗闇でも、目をこらしてしっかりと足下を確かめることです。足下が固められると、安心してどの方向にでも歩いていくことができるのです。

人として本当の姿に

本来無一物《ほんらいむいちもつ》

何も持たずに生まれてきた。これが人間の本来の姿です。生きていくうちに、さまざまなものを身にまとい、まとったものは手放したくない。これは執着であり、たとえ手放しても、本来の姿に戻っただけなのです。よく悩んでいる自分に悪い部分があると感じてしまいますが、本来人には悪い部分や汚れなどは何もなく、すべて人との比較や必要のない執着心から生まれたものなのです。形のないものにとらわれてはいけません。自分の偏った考えが作り出した悩みにとらわれてはいけません。

自然のままに生きる

晴耕雨読《せいこううどく》

晴れた日には田畑を耕し、雨が降れば家で読書をするということば。このように自然に任せた生活は心を穏やかにします。毎日頑張らなくては！　と思う人が多い今の世の中、人はいつでも頑張れるわけではありません。心に雨が降っているのに、それを見ないふりをして頑張ろうとすると、自分の心に嘘をついて、かえって辛くなってしまいます。心が晴れない時は、ちょっと立ち止まって自分の心と向き合い、ゆっくりしましょう。心が休まり、次に進む元気が出てくることでしょう。

常に心を磨く

時時勤払拭《じじにつとめてふっしきせよ》

家の中を常にきれいにしておく秘訣は、その時その時にすばやく磨くことです。汚れは積み重なっていくと落ちにくくなりますし、掃除をするのも面倒になります。わずかな時間でもきれいにしておけば汚れは溜まりません。同じように心も悩みや欲望で汚れていきます。落ちにくくなる前に、きれいにする習慣を身につけましょう。後回しにするのではなく、毎日こまめに磨きましょう。そうすることで、毎日心も磨き上げられていき、悩みに縛られない晴れ晴れとした日々を送ることができるでしょう。

汚れた心を洗ってきれいに

洗心《せんしん》

嫌なことがあって落ち込んだり、人の優しさを素直に受け入れられなかったりして、きつい言葉を発してしまう。これは気づかないうちに心が汚れてしまっている証拠です。そんな時は一度心を見直して、やわらかくなることが大切です。美しい景色を見たり、好きな音楽を聴いたり、子どもの純粋さに触れたり、特別なことをしなくても、心を洗うことはできます。気持ちがほぐれ

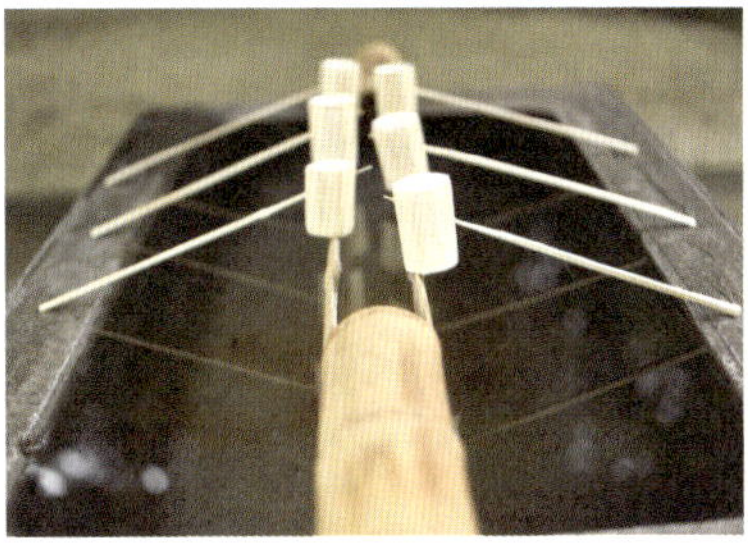

て、きれいな心になれば、それが行動となり、周りの人の心を洗うこともできるかもしれないのです。

知足《ちそく》

今持っているもので幸せになれる

物もお金も時間も、そして人も「欲しい」という思いは誰もが持つもので、その欲望は限りないものです。「知足」とは、「足るを知る」という意味。今が満ち足りた状態にあるということに気づくことで、人は今よりももっと幸せになれるのです。自分で持てるものは、両手に抱えられるだけ。背負いきれないほどのものを持っていても、縛られることで苦しまなければなりません。物を積み上げていくことが幸せではありません。幸せはすでに自分の中にあるのです。

三心《さんしん》

料理に向かう時の心がまえ

食事を作る時の心がまえを説いていることばで、「喜心・老心・大心」をあわせてこう呼びます。「喜心」は作る喜び。「老心」は、親が子を思うように、思いやる心。「大心」は、こだわりなく平等にものを扱う心を意味します。

この言葉は料理を作る時だけでなく、何をする際にも心がけるべき心得としても通用します。普段の生活の中でも、三心を大切にしましょう。

主体性をもって学ぶ

歩《ほ》歩《ぼ》是《これ》道場《どうじょう》

どこにいても、どのような環境でも、そこが自分を磨く場であり、何をしていても、それが自分を高める修行であるということです。修行は禅寺という特別な場所がなければできないということではありません。今その時、自分がいる場所で、心を込めて精一杯力を尽くすことが修行となるのです。そうすることで、

日々の営みの一歩一歩が自分を成長させてくれる糧となります。日常生活を学びの場と心得、心を込めて周りの生活としっかり関わることが大切なのです。

笑顔と愛情ある言葉を

和顔愛語《わがんあいご》

和顔は「和やかな笑顔」、愛語は「相手の立場や気持ちを理解して、慈しむ言葉をかける」という意味で、思いやりのある温かな言葉です。この二つの言葉は、仏教でいう「無財《むざい》の七施《しちせ》」の中に出てきます。つまり、たとえ財がなくても実践できる七つの布施にあげられているのです。この心をもっていれば充実した人生を送ることができます。まずは「ありがとう」という愛語を、笑顔

で相手に届けることが、シンプルですがもっとも大事なことなのです。

まず行動する

冷暖自知《れいだんじち》

目の前の水が冷たいか温かいかは、触ってみなければわかりません。人から教えてもらっても鵜呑みにしてはいけません。人によって感性は異なるので、何事も自分で経験することが大切です。禅では行動することを重んじています。めんどくさがらずに自ら行動する。動けば結果は出ますし、その次の行動が見えてきます。自分の世界を広げるためにも、たくさんの経験を積むことが大切です。頭でっかちにならないようにとの戒めでもあります。

一日を大切に生きる

日日是好日《にちにちこれこうじつ》

生きていれば、嬉しいことがある日も、悲しいことがある日もあります。たとえ悲しく辛いことがあったとしても、その時に、本当に大切なことに気づけたかもしれません。失敗をしたら、次に活かせるかもしれません。つまり、いい日も悪い日も、すべてが自分だけが経験できることで、それに対して良し悪しを判断するようなことではありません。一つ一つの経験がかけがえのないものとなるのです。そう考えれば、素晴らしい経験と出会える日々は、「好日」であり、とても貴重な一日となるのです。

おわりに

この本を手にしてくださった方の中には、子育て中の方や働いている方も多くいらっしゃると思います。家事にたっぷりの時間がかけられずに思い悩んだり、落ち込んだりすることもあるかと思います。ただ、どんなに忙しくてもできること、それは「心を込める」ことではないでしょうか。

今回、禅寺を訪れ、雲水の姿から区切られた時間の中で自分の力を出し切ることが大切なのだと学ばされました。家の中という外からは見えにくい場所を、コツコツと整えることに決して華やかさはないかもしれませんが、キビキビと動き、心を込めて料理や掃除や片づけをし続けることは、身も心も美しくしてくれる。すなわち自分自身を磨くことなのだと感じました。

整理収納サービスのお客様から「いつでも人を招ける家にしたい」という目標をよく耳にします。しかし一番大切にしなくてはいけないのは、一緒に暮らしている「家族」ではないでしょうか。

お客様には「まずは家族のために、その一員である自分自身のために、暮らしやすい家にしましょう」と伝えています。見栄や評価は必要ありません。来るかどうかわからない来客のためではなく、そこに暮らしている家族が幸せを感じてほしい。そんな愛情を家族に運べるような家事を、私自身も皆さんと共に続けていけたらと思っています。

小川　奈々

著者◎小川 奈々（おがわ なな）

整理収納アドバイザー。感動の整理収納 in Nagoya 主宰。1976年、広島市生まれ。横浜国立大学卒業後、病院の事務職に就く。2007年、結婚を機に退職。2011年に整理収納アドバイザー1級を取得し、2013年に感動の整理収納 in Nagoya 設立。翌年、「整理収納コンペティション2014本選プロフェッショナル部門」グランプリを受賞。監修本に『片づけたら1年で100万円貯まった！』（リベラル社）がある。
http://www.kandouseiri.com/

監修◎武山 廣道（たけやま こうどう）

1953年生まれ。73年、正眼専門道場入門。天下の鬼叢林（おにそうりん）といわれた正眼僧堂にて多年修行。96年4月、白林寺住職に就任。2011年3月、全国宗務所長会会長就任。12年、臨済宗妙心寺派宗議会議員・名古屋禅センター長・文化センター講師など宗門の興隆に勤しむ。監修本に『禅語エッセイ』『心があったまる般若心経』『くり返し読みたい禅語』（すべてリベラル社）がある。

取材協力◎正眼寺（しょうげんじ）

岐阜県美濃加茂市にある臨済宗妙心派の寺院。スポーツ選手や財界人などが修行に訪れることでも知られている。修行の厳しさで知られている僧堂や短期大学なども運営している。普段は一般開放していないが、毎年7月下旬に2日間にわたる夏期講座があり、毎年多くの人が参加している。また、正眼短期大学では、一般・社会人の参加できる禅の講座も多数ある。
正眼短期大学ホームページ　http://shogen.ac.jp/

参考文献◎

典座教訓・赴粥飯法（講談社学術文庫）、絵で見る 禅の修行生活 雲水日記（禅文化研究所）、精進料理の極意（大法輪閣版）、茶席の禅語大辞典（淡交社）、禅の思想辞典（東京書籍）

取材・編集　真下 智子
撮影　清水 知成
デザイン　キムラ ナオミ（2P Collaboration）
編集　鈴木 ひろみ（リベラル社）
編集人　伊藤 光恵（リベラル社）
営業　中村 圭佑（リベラル社）

編集部　渡辺 靖子・廣江 和也・山浦 恵子
営業部　津田 滋春・廣田 修・青木ちはる・三田 智朗・三宅 純平・栗田 宏輔
野沢 都子・髙橋 梨夏

お寺の教えで心が整う　禅に学ぶ　台所しごと

2016年10月27日　初版

著者　小川 奈々
編集　リベラル社
発行者　隅田 直樹
発行所　株式会社 リベラル社
〒460-0008　名古屋市中区栄3-7-9 新鏡栄ビル 8F
TEL 052-261-9101　FAX 052-261-9101　http://liberalsya.com
発売　株式会社星雲社
〒112-0005 東京都文京区水道1-3-30
TEL 03-3868-3275

落丁・乱丁本は送料弊社負担にてお取り替えいたします。ISBN：978-4-434-22610-6

リベラル社のコミック実用シリーズ

コミック＋解説ページで楽しく読める！「面白くてわかりやすい」「すぐに使えて便利」と好評の、新スタイルの実用書です。

整理収納アドバイザー・小川奈々 監修

片づけたら1年で100万円貯まった！

「片づけ上手」は「貯め上手」。楽しいコミックとイラストで、部屋をキレイにしながらお金が貯まる、オトクな片づけ術を紹介!!

- 片づけるとお金が貯まる理由
- 部屋別・お金が貯まる片づけ術（リビング・キッチン・押し入れ・クローゼット・玄関・洗面所など）
- スッキリ便利な収納法　など

監修／整理収納アドバイザー 小川奈々　コミック･イラスト／えのきのこ　定価 1,100円＋税

家計簿の付録付き

1年で100万円貯められる ゆる貯め家計

貯めるって、意外に簡単！　貯金ゼロの人も、これで一生お金に困らない！「お金を楽しく使ってしっかり貯めるコツ」をコミックとともに紹介。

- お金が貯まらないのは心の問題!?
- 基本の口座は２つ
- やりくりは月より週の方がオススメ

監修／家計再生コンサルタント･FP　横山光昭　コミック･イラスト／ミューズワーク　定価 1,200円＋税